Einen Partner übers Internet

Mein aufrichtiger Dank gilt

Gisela Nehrbaß

Ohne ihre Beteiligung und Motivation,
wäre dieses Buch nicht entstanden

Nicole Wendschuh

Für die Satz- und Covergestaltung

Ernst Crameri

Ein Partner übers Internet

Wahrheit und Klarheit

Ist Internet eine Alternative

Wichtige und wertvolle Strategien

Bibliografische Information der Deutschen Nationalbibliothek
Die Deutsche Nationalbibliothek verzeichnet diese Publikation
in der Deutschen Nationalbibliografie; detaillierte bibliografische Daten sind im
Internet über http://dnb.d-nb.de abrufbar.

Crameri-Naturkosmetik GmbH Beauty&Wellness
1. Auflage
Druck in Deutschland
ISBN: 978-3-86689-016-9

Inhaltsverzeichnis

Das Buch ist gewidmet

All den Menschen, die sich nach einer glücklichen Partnerschaft sehnen. Die bereits einiges versucht haben und nun bei der Online-Partnersuche gelandet sind. Das Buch dient als große Hilfe, endlich aufzuwachen und wirklich nie wieder unzufrieden zu sein und auf irgendetwas zu warten, was doch nicht eintrifft. Glücklich zu sein, alles tun zu können, wonach einem ist, niemals wieder in die Rechenschaft zu gehen.

Das ist das erstrebenswerte Ziel, und am besten eingebettet in einer harmonisch inspirierenden Beziehung. Nur ein selbst gelebtes und bestimmtes Leben führt in den glücklichen Zustand, von dem die meisten Menschen ein Leben lang träumen. Deshalb ist es so wichtig, weder sich noch anderen gegenüber in die Rechtfertigung zu gehen. Genauso wenig in einer Beziehung, sei es privater oder geschäftlicher Natur zu verharren, vor lauter Angst vor den Konsequenzen.

Das Leben als das Wertvollste zu sehen, anerkennen und es täglich in großer Dankbarkeit zu gestalten. Nie mehr sein Leben von außen bestimmen lassen, sondern es so zu konstruieren und zu leben, dass man eine große Dankbarkeit in sich spüren darf und diese auch erkennt. Das ist kein Geschenk des Himmels, sondern will tatsächlich gelebt werden. Der Reichtum, welcher daraus entsteht, ist von unendlichem Wert, der seinesgleichen sucht.

Vorwort

Liebe Leser,

ich finde es echt klasse, dass Sie dieses Buch gekauft haben, handelt es sich doch um ein spannendes Thema. Eine Partnerschaft per se ist klasse, unabhängig, woher die Initiative kam. Inzwischen ist es kein Tabuthema mehr, sich online auf Partnersuche zu begeben, doch wenn die Anbahnung übers Internet läuft, ist es eine andere Dimension. Hier gelten ein paar Spielregeln, wer diese beherrscht, kann wesentlich leichter und mit dem nötigen Abstand damit umgehen. Dies ist wichtig, um nicht dabei unterzugehen oder Schaden zu erleiden.

Es gilt wie überall im Leben genau zu wissen, was man will und was nie mehr, das ist die erste Grundvoraussetzung. Danach baut man sich die entsprechende Strategie auf und los geht es. Das reicht jedoch nicht aus, jetzt folgt das wichtige Durchhaltevermögen. Denn nicht jeder Versuch ist sofort von Erfolg gekrönt, da braucht man etwas Geduld.

Weiter, weiter ist das Thema. Sie müssen buchstäblich so lange dranbleiben, bis Sie den gewünschten Erfolg haben. Wer aufgibt, hat verloren, möchten Sie zu den Verlierern gehören? Bestimmt nicht, genauso wenig möchten Sie sich Frust einfangen und die Flinte ins Korn werfen. So etwas tut man nicht, wenn man den Wunsch nach einer wunderbaren Partnerschaft in sich trägt und sich danach sehnt.

Das Buch ist direkt aus der Praxis herausgeschrieben. Spannend von der ersten bis zur letzten Minute. Erlebnisse, die das Leben schreibt, beim sich Bewegen auf einer Internet-Plattform. Es kann Spaß und Freude bereiten, jedoch auch Frust und womöglich einen Schaden fürs Leben verursachen. Um auf der sicheren Seite zu sein, beachten und lesen Sie die relevanten Aspekte. Dadurch werden Sie den für sich gewünschten Erfolg erreichen.

Wenn es wirklich Ihr großer Wunsch ist, eine Partnerschaft zu führen, werden Sie das auch erreichen, seien Sie ein Siegertyp. Der erste Schritt ist schon getan, Sie haben es ja bereits geschafft, dieses Buch in den Händen zu halten. Viele Menschen träumen von diesem und jenem, kommen jedoch leider nie ins Handeln. Ohne das berühmte Handeln tut sich aber „NICHTS."

Ich wünsche Ihnen von Herzen viel Kraft auf Ihrem Lebensweg. Die nötige Energie, um dran zu bleiben, mit Freude und Leichtigkeit durchs Leben zu gehen. Nicht in das allgemeine Gejammere zu verfallen, denn das bringt nichts. Das Leben ist unendlich wertvoll und voller Reichtum, nutzen Sie es für sich. Sollten Sie auf diesem Weg zu einer Partnerschaft übers Internet nicht so schnell wie gewünscht vorankommen, können Sie sich auch gerne direkt coachen lassen, das wäre dann sozusagen die „Überholspur."

Herzlichst

Ihr Ernst Crameri

Wie komme ich am schnellsten voran

Bei allem gibt es den berühmten Königsweg und den, der sich auf dem Prinzip von „Versuch und Irrtum“ aufbaut. Da dürfen Sie im Vorfeld entscheiden, welcher Weg für Sie der einfachste ist und welchen Sie gerne gehen möchten. Beide Wege führen, bei genügend Durchhaltevermögen, zum Ziel. Der eine Weg ist leicht und der andere knallhart, Sie dürfen wählen.

Wieso wählen

Weil wir Menschen leider die krankhafte Tendenz haben, alles auf die lange Bank zu schieben. Das ist töricht, um nicht zu sagen äußerst dumm. Der Erfolg kommt nur durch das Machen und Tun. Bestimmt nicht durch das Hoffen auf den günstigen Augenblick, auf diesen können Sie ewig warten.

Zwei Wege und Sie haben die Wahl

Das ist ein Traum, finden Sie nicht auch? Die meisten werden das leider verneinen und behaupten, die Situation wäre alternativlos. Das Leben Schicksal, fremdbestimmt, eine pure Qual, eine große Last. Zumal, wenn die Dinge nicht wie gewünscht, oder aber zu langsam vonstattengehen. Man wünscht sich Schlaraffia, als die Vorstellung des Paradieses, doch sorry, das ist ein Traum. Vor den Preis haben die Götter nach wie vor den Fleiß gesetzt.

Welchen Weg soll ich nehmen

Das ist die grundsätzliche Frage Ihrer Vorlieben. Was sind Ihre Präferenzen, was mögen Sie und was nicht? Entsprechend wird es umgesetzt. Stück für Stück, mit Elan alles zu erreichen und bis es soweit ist, auch wirklich dran zu bleiben, bis es Wirklichkeit wird.

Im Übrigen, je früher, umso besser, sollten Sie sich mit dem Gedanken anfreunden, der Weg gehört immer mit zum Ziel.

Die meisten nehmen den harten Weg

Ich kann es nicht ganz nachvollziehen, wieso man den einen Weg wählt, obwohl man den anderen genauso gut in Betracht ziehen könnte. Das Prinzip von „Versuch und Irrtum" ist hart und es benötigt ein gigantisches Durchhaltevermögen. Darüber Näheres in einem der nächsten Kapitel. Das heißt, man probiert etwas aus und stellt fest, dass es nicht geht, probiert das Nächste, dies permanent, ohne Schwäche zu zeigen.

Oder Sie wählen den berühmten Königsweg

Da haben Sie den Vorteil, dass den Weg schon andere gegangen sind. Deswegen ist es für Sie leichter, ihn zu gehen. Denn Sie können auf die Erfahrungswerte der anderen aufbauen. Das erleichtert das Spiel um ein Vielfaches. Wenn andere den Weg bereits gegangen sind, haben diese schon Lehrgeld bezahlt, das können Sie sich dann sparen. Das hat viel, wenn man es erkennt und danach lebt. Natürlich werden auch hier Herausforderungen lauern (das muss auch so sein, denn daran wachsen wir), doch insgesamt tun Sie sich wesentlich leichter.

Wie profitieren Sie von dem Buch

Lesen Sie eine Seite, dann halten Sie kurz inne, gehen in medias res. Überprüfen das Gelesene auf den Inhalt und schreiben den wichtigsten Merksatz in die obere freie, weiße Fläche, so verfahren Sie mit jeder Seite. Das hat den Vorteil, dass Sie jederzeit äußerst effizient den Inhalt greifbar haben.

Wer schreibt der bleibt, das ist eine uralte Geschichte

Diese Tatsache ist leider den wenigsten Menschen bewusst. Was man schwarz auf weiß fixiert, kann man jederzeit nachlesen. Den Fortschritt betrachten und die daraus resultierenden Rückschlüsse ziehen, zu entscheiden, was zu tun ist und wo kein Handlungsbedarf vorhanden ist.

Am Ende jedes Kapitels ziehen Sie Bilanz

Nach jedem Kapitel ziehen Sie Bilanz, in dem Sie die für Sie fünf wichtigsten Merksätze aufschreiben. So können Sie erneut darüber reflektieren, sich das Ganze dadurch setzen und manifestieren. Es ist wichtig, dass über das Lesen, danach das „Verstehen und Begreifen“ kommt. Und über das Schreiben werden neue Nervenbahnen, Knotenpunkte und Verbindungen gebildet. Schließlich sollte der Inhalt jederzeit abrufbar sein und zu einer Veränderung Ihres Lebens beitragen.

Am Ende des Buches gibt es eine Generalzusammenfassung

Auf dem letzten weißen Blatt ziehen Sie Bilanz. Sie lesen alle Inhalte jedes Kapitels durch und notieren am Schluss die für Sie fünf Wichtigsten. Oft werde ich gefragt, wieso gerade fünf, ganz einfach, fünf kann man gut behalten, mehr wird unübersichtlich und es geht um die berühmte Quintessenz. Wenn es nur beim Wunsch auf Veränderung bleibt und nichts geschieht, wäre dies traurig.

Natürlich könnten Sie das Buch auch nur durchlesen, wenn Sie es aber als Arbeitsbuch nutzen, haben Sie viel mehr davon.

Eine weitere Hilfe sind kleine Karteikärtchen

Sie schreiben Ihre wichtigsten Merksätze auf kleine Karteikärtchen. Für jeden Merksatz eine Karte, Sie tragen danach fünf Kärtchen bei sich. Dies ist wichtig, dass Sie die Karten permanent bei sich tragen. Als klare Erinnerungshilfe, an die dringlichen Botschaften. Sie lesen die Kärtchen mehrmals am Tag. Das hilft Ihnen durch die Wiederholung, das Ganze zusehends zu vertiefen, bis es zu einem Teil von Ihnen wird.

Vielleicht belächeln Sie das Ganze

Das kann ich gut verstehen, auch ich gehörte lange Zeit zu den Menschen, die vieles, um nicht zu sagen fast alles belächelt haben. Diese komische Einstellung meinerseits hat mir manche super Chance genommen, wirklich Großes in meinem Leben zu bewegen. Ich könnte schon weiter sein, hätte ich Gas gegeben. Deswegen darf ich es Ihnen ans Herz legen, belächeln Sie die Dinge nicht, tun Sie es, setzen Sie es um. Überprüfen Sie es auf den Inhalt, geben Sie sich die Chance. Sie erreichen dadurch in Ihrem Leben, eine völlig neue Dimension.

Was haben Sie zu verlieren

Sie würden sich um eine wunderbare Chance bringen und das wäre fatal. Der Gewinn aus einer anderen Vorgehensweise in Ihrem Leben, bringt Ihnen unendlich viel. Es sind für Sie neue Perspektiven, die sich auftun. Was machen Erfolgreiche? Diese geben sich die Chance, gehen völlig offen durch die Welt. Stets Ihr Ziel vor Augen und dann wird eines nach dem anderen umgesetzt.

Karteikärtchen als Wunder

Sie bringen viel, helfen sie uns doch Tag für Tag an das Wesentliche erinnert zu werden. Ablenkungen sind die großen Verführer auf dem Weg zu Ihrem Ziel. Hinzu kommen unsere Glaubenssätze, der innere Schweinehund, die Komfortzone und die Macht der Gewohnheit. All diese Dinge hindern uns voranzukommen, das ist schade, denn das Einzige, was dadurch geschieht, dass Zeit verloren geht. Alles unnötig und sogar belastend, denn eines Tages feststellen zu dürfen, dass man das Leben verpasst hat, diese Erfahrung sollte man sich echt schenken.

Wo haben Sie die Karteikärtchen

Es nützt nichts, wenn Sie die Karteikärtchen schreiben und dann ad acta legen. Sie sollten diese in der Tat immer bei sich tragen, damit Sie bei den verschiedensten Aktivitäten mit ihnen konfrontiert werden. Das ist wichtig, denn permanente Erinnerung schafft Wirklichkeit. Sie selbst, Sie allein bestimmen, womit sich Ihr Geist beschäftigt, wohin Ihre Energie geht und die Karteikärtchen helfen Ihnen dabei.

Die Aufbewahrungsmöglichkeiten

- Sie greifen in die Hosentasche Oh, meine Merksätze
- Sie greifen in die Handtasche Oh, meine Merksätze
- Sie zücken Ihre Geldbörse Oh, meine Merksätze
- Sie schauen in Ihren Timer Oh, meine Merksätze

Beginnen Sie sofort

Das ist meine Botschaft an Sie, bitte nicht auf irgendwann verschieben. Wenn Sie das tun, sind Sie auf dem falschen Weg. Als Erfolgreicher oder auf dem Weg dahin, dürfen Sie sich das schlicht und einfach nicht leisten. Erfolgreiche zeichnet vor allem eines aus, sie tun das, was zu tun ist. Warten keinen einzigen Moment, wissend, dass wer wartet, verloren hat.

Möchten Sie zu den Gewinnern oder Verlierern gehören

Eine blöde Frage, höre ich häufig auf den Schulungen, falsch, es ist keine blöde Frage, es ist leider der bittere Ernst. Viele leben nicht mit dieser Frage. Haben möchten die meisten alles, dafür jedoch bereit sein, die entsprechenden Dinge Tag für Tag zu tun, das nicht. Diese sind dann konsterniert, wieso es Menschen gibt, die von Erfolg zu Erfolg eilen und andere stehen bleiben.

Glück oder Pech

Beides liegt so dicht beieinander, dass es fast erschreckend ist. Für einige nicht nachvollziehbar, meinen doch die meisten, dass nur derjenige Erfolg hat, der das Glück gepachtet hat. Dies ist aber ein Ammenmärchen, welches wir nicht weiters vertiefen möchten. Hier sagt der Volksmund treffend

„Jeder ist seines Glückes Schmied!"

Das hört sich doch wunderbar an und es wird ewig seine Gültigkeit haben.

Haben Sie die Karteikärtchen schon geschrieben

Ich glaube nicht, wissen Sie, woher ich das weiß? Weil 98% der Menschen so sind. Vom Wunsch in die Tat zu gehen, damit tun sich fast alle immens schwer. Erfolg hat aber nur derjenige, der die

Dinge, welche zu tun sind, umsetzt. Alles andere ist und bleibt reines Wunschdenken, verbunden mit der Hoffnung und der daraus resultierenden Enttäuschung.

Tun Sie es bitte jetzt

Genau in dem Moment, oder gehören Sie zu den Menschen, die mit jeder Menge Alibigeschichten auftreten? Es gibt natürlich tausende von Gründen, wieso etwas gerade im Moment nicht geht. Es gibt aber nur einen einzigen Grund es zu tun, das ist Ihr Erfolg. Genau dies ist das Thema und darum machen Sie es bitte sofort. Sollten Sie im Moment keine Karteikärtchen haben, nehmen Sie, bis Sie einkaufen gehen, normales Briefpapier oder irgendetwas, worauf man Notizen machen kann.

Eine weitere Hilfe sind Plakate

Bei allem im Leben, ist es stets eine Frage, wie gut man es umsetzt. Mit wie viel Herzblut man bei der Sache ist. Nach dem Prinzip „Wer viel sät - der viel erntet“ und natürlich umgekehrt. Wer wenig sät, wird wenig ernten. Aus diesem Grunde ist es wichtig, bei allem eine große Meisterleistung an den Tag zu legen.

Sie können den Königsweg gehen oder nicht

Der Königsweg ist sogar der leichtere Weg, den sind schon etliche Erfolgreiche gegangen und es ist ein Leichtes

„Modelling of excellence!“

zu machen. Das heißt, das System 1 = 1 zu übernehmen. Dies ist das schnellste und sicherste Prinzip. Das Problem sind die Menschen, die glauben das Rad neu erfinden zu müssen. Das ist Blödsinn, bedenken sollte man dabei stets

„Der Erfolgreiche beginnt dort, wo der Erfolglose aufhört!“

Das ist alles, einfach und simpel, aber man muss es tun, dies ist die hohe Kunst dabei. Ob über Bücher, Seminare oder Coaching, lernen Sie aus den Erfahrungen anderer.

Erfolg haben möchten alle, aber sich nicht dafür einsetzen

Das ist das alte Lied, es gibt kaum jemand, der nicht vom großen Erfolg träumt. „Das wäre schon schön“ ist eine geflügelte Aussage. Dann kehrt man wieder zum Tagesgeschäft zurück. Das ist verrückt, dermaßen durch die Welt zu gehen. Wie kann man sich selbst so belügen? Viel wichtiger ist es, sich Gedanken zu machen, was man will und was nicht. Alles dafür zu tun, damit dies erreicht werden kann.

Eine Hilfe sind Plakate

Karteikärtchen sind nicht so sichtbar wie Plakate. Diese haben den Vorteil, dass man sie überall aufhängen kann. Dadurch wird man permanent daran erinnert. Die Fokussierung ist das „A und O." Durch die permanenten Erinnerungen vergessen wir nie, dass wir im Leben einiges bewegen möchten.

Verteilen Sie die Plakate überall

Das lege ich Ihnen ans Herz. Durch die konsequente Verteilung haben Sie den Vorteil, dass Sie aus jedem Blickwinkel heraus die gewünschten Aspekte sehen. Um zum Erfolg zu gelangen, ist es dringlich, dass alle Register gezogen werden. Viele warten auf den großen Moment, oder dass sie irgendetwas erfinden. Nach dem Motto, wenn das eintritt, hat man es gepackt, das ist Blödsinn.

Nicht lange überlegen, einfach tun

Überlegen Sie nicht zu lange, kommen Sie schnell ins Handeln. Die Schnellen gehören immer zu den Gewinnern. Die Langsamen werden bestraft und in die Reihe dieser Menschen, sollten Sie sich tunlichst niemals einreihen. Das wäre schlussendlich sehr töricht.

Wieso wünschen Sie sich eine Partnerschaft

Das ist die grundlegende Frage, wozu hätte ich gerne eine Partnerschaft. Da gibt es einige die behaupten, für was denn wohl? Das ist doch logisch! Gar nichts ist logisch, jeder hat seine eigenen Bedürfnisse und Vorstellungen. Was für den einen gut und wünschenswert ist, bedeutet für den anderen eine reine Katastrophe. Deswegen heißt es klar, genau darauf zu schauen, um auf dem sicheren Weg der Erfüllung zu sein.

Was ist ein Partner

Da gehen die Meinungen auseinander. Es gibt ja die unterschiedlichsten Menschen auf Erden. Ein Traum zu sehen, wie viele Möglichkeiten und Varianten es gibt. Wir sind buchstäblich im berühmten Garten Eden. Da heißt es mit offenen Augen durch die Welt zu schreiten und für sich das zu pflücken, was Spaß und Freude bereitet. Alles andere lassen wir dort, wo es ist.

Was will ich genau

Das ist entscheidend, davon hängen alle weiteren Maßnahmen ab. Leider machen sich die wenigsten hierüber Gedanken. Dabei ist gerade das elementar und wichtig. Wer nicht genau weiß, was er will, muss mit dem zufrieden sein, was es gibt oder für ihn übrigbleibt. Das ist traurig und schade, denn das Leben bedeutet in seiner Ganzheit absolute Fülle. Sich mit Halbheiten zufrieden zu geben, ist töricht.

Was will ich nie wieder

Das ist die andere Seite der Medaille, die es zu berücksichtigen gilt. Denn es gibt zwei Parameter, was ich will und was ich nie wieder möchte. Erst in der Einheit, vermögen sie Kraft und den Durchblick, für die Unterscheidung zu geben.

Gehen Sie nie mit geschlossenen Augen durchs Leben

Die Gefahr, dass Sie dabei stolpern, ist riesengroß. Sie kennen mit Sicherheit jede Menge Menschen, die sich zum x-ten Mal in einer falschen Partnerschaft befinden. Wenn ich da an die berühmte Freundin denke, die bereits zum fünften Mal mit einem Alkoholiker verheiratet ist, zählt das wirklich zu den unschönen Dingen.

Sie haben es wie immer in Ihrer Hand

Darüber sind sich leider die wenigsten bewusst. Einige sprechen von „Ja, da habe ich Glück gehabt" oder „Da habe ich halt wieder Pech gehabt!" Wie hört sich denn das an? Wie sagt der Volksmund passend

„So wie man sich bettet, so liegt man!"

Abgedroschen und dennoch etwas Wahres dran. Denken Sie bitte darüber nach und achten Sie darauf, dass Sie es ab sofort im Griff haben. Ihr Leben erhält dadurch eine andere Dimension und Lebensqualität.

Was für einen Partner wollen Sie wirklich

In dem Wort wirklich ist die Wirklichkeit enthalten. Es ist wichtig, sich dessen bewusst zu werden. Die Dinge nie dem Zufall zu überlassen. Wer dies tut, hat im Vorfeld verloren. Außer Sie möchten zu den Verlierern gehören, dann ist es eine andere Dimension. Viele Menschen lieben förmlich diese Form des Lebens und blühen richtig dabei auf.

Das Leben eines Zauderers, Zögerers und Jammerers

Das ist eine Wahl und diese haben etliche Menschen getroffen. Ich bin entsetzt darüber, wie kann man nur so etwas auswählen. Es steht doch jedem frei, wie er sich durchs Leben bewegt. Wir können jeden Tag selbst eine Entscheidung treffen. Das ist wunderbar, eine große Freiheit und so erhaben und wertvoll. Wenn Sie darüber Näheres wissen möchten, lesen Sie mein Buch „Höre endlich auf zu jammern!“ Ein Buch für Menschen, die rumhängen, auf einem sehr hohen Niveau die Jammernummer spielen, und dadurch ihr Umfeld nerven.

Wie soll Ihre Partnerschaft sein

Wenn ich dies die Menschen auf den Seminaren frage, erlebe ich wie einige anfangen verklärt zu lächeln und erzählen selig, was sie sich vorstellen. Bei den anderen verfinstert sich die Miene und nur Negatives sprudelt aus ihrem Munde. Das ist insofern fatal, denn jeder Gedanke und Wunsch trägt in sich die Energie, die Kraft eines Samenkorns. Dieses hat nur eine Aufgabe, aufzugehen. Schauen Sie sich das Samenkorn eines Baumes an. Es ist winzig, unscheinbar und darin ist ein riesiger Baum versteckt. Wenn dieser auf fruchtbaren Boden stößt, fängt er sukzessive an sich zu entfalten, bis eines Tages ein Prachtbaum gewachsen ist. Deshalb beachten Sie bitte, welche Samenkörner Sie in sich tragen, und überprüfen das Ganze von Zeit zu Zeit.

Euch geschehe nach eurem Glauben

An was glauben Sie? Ich meine nicht Gott, sondern was glauben Sie über sich und eine Partnerschaft? Welches exakte Bild haben Sie vor Augen? Wie gehen Sie damit um? Das Buch der Bücher, die Bibel, da steht geschrieben

„Euch geschehe nach eurem Glauben!"

Sie ziehen genau das an, ob Sie es wahrhaben wollen oder nicht. Aus diesem Grunde sollten Sie wachsam durch das Leben gehen.

Halten Sie das was Sie wollen, schriftlich fest

Wir werden das unverzüglich tun, es ist ein wesentlicher Baustein in unserem Leben. Nicht aus dem Bauchgefühl heraus zu operieren, sondern in die Tiefe zu gehen und jeden Punkt schriftlich zu spezifizieren.

Was wollen Sie wirklich

Es ist Ihr Traum und der ist in Ordnung. Denken Sie bei dieser Aufgabe nicht, ob es machbar ist. Vergessen Sie die Glaubenssätze, die Sie gehört haben. Nochmals, es geht um Sie. Beschäftigen Sie sich damit, schreiben Sie ohne einen Augenblick zu zögern. Wer zögert, fällt in das uralte Raster der berühmten Verschieberitis. Darüber habe ich ein Buch mit dem Titel „Verschieberitis - Hast du auch diese schlimme Krankheit" geschrieben. Sie wissen doch, alles was mit „itis" endet, ist entzündlich.

Mein wirklicher Partner	Wieso ist das so?	Seit wann?
1.) ____________________	____________________	______________

2.) ____________________ ____________________ ______________

3.) ____________________ ____________________ ______________

4.) ____________________ ____________________ ______________

5.) ____________________ ____________________ ______________

6.) ____________________ ____________________ ______________

7.) ____________________ ____________________ ______________

8.) ____________________ ____________________ ______________

9.) ____________________ ____________________ ______________

10.) __________________ ____________________ ______________

Wie ist es für Sie? Wie ist Ihr Empfinden? Für die meisten ist es komisch sich hinzusetzen, und in die Schriftlichkeit zu gehen. Fast alle Menschen sind lieber verbal unterwegs und erstaunt, wenn die Dinge nicht laufen. Das interessiert uns nicht mehr, Sie haben das Buch gekauft, weil Sie in Ihrem Leben etwas verändern möchten. Die Online-Suche ist hierzu eine schöne Möglichkeit, eine völlig neue Dimension. Ich muss aber genau wissen, was ich will. Fühlen Sie sich glücklich oder eher traurig, nach dem Motto

„Ach, das wird eh nichts!"

Jetzt reduzieren Sie das Ganze auf die drei Eigenschaften, die Ihr neuer Partner besitzen muss, damit es für Sie passt.

Mein wirklicher Partner **Wieso ist das so?** **Seit wann?**

1.) ____________________ ____________________ ______________

2.) ____________________ ____________________ ______________

3.) ____________________ ____________________ ______________

Konzentration auf das Wesentliche, lautet das Zauberwort. Wer zu viele Dinge mit sich herumträgt, verliert den Überblick. Was zählt sind die Ergebnisse, es geht nur um diese. Wie ist nun Ihr Gefühl? Zum Abschluss reduzieren wir es auf den wichtigsten Aspekt, den Ihre Partnerschaft unbedingt haben muss. Seien Sie bitte ehrlich und offen.

Mein wirklicher Partner **Wieso ist das so?** **Seit wann?**

1.) ____________________ ____________________ ______________

Jetzt haben Sie es geschafft, herzlichen Glückwunsch. Wenn Sie in medias res gehen, wie fühlt sich das an? Geht es Ihnen gut? Was ist Ihr Fazit daraus?

Mein Fazit: ____

If you can dream it - you can do it

Die berühmte Aussage von Walt Disney, genau das ist der Punkt. In dem Moment, wo man weiß, was man will, ist ein Großteil der Arbeit erledigt, es ist der berühmte und schwierige Anfang. Danach folgt die absolut konsequente Umsetzung.

Das Werk ist noch nicht vollendet

Seien Sie sich dessen bewusst, viele Menschen glauben, eine Aufgabe gelöst zu haben, ist das Resultat und die Lösung für alle Zeiten. Das ist bei Weitem nicht so, es ist erst der Anfang. Nun beginnt die eigentliche Arbeit, unabhängig davon sollten Sie über diese Punkte permanent reflektieren. Denn das Leben bedeutet permanenter Wandel.

Ihre Ziele müssen folgende Eigenschaften besitzen

Ziele haben eine besondere Eigenart, hierzu gibt es klar vier Parameter. Wer sich an diese hält, erlebt ein unkompliziertes Vorankommen. Wer lieber alles dem Zufall überlassen will, erlebt in Serie nur Zufälliges. Das ist häufig mager und frustrierend, wieso muss man sich quälen? Das kann doch nicht der Sinn eines selbstbestimmten Lebens sein, das macht auf Dauer krank und frustriert.

Ziele müssen immer klar sein

Das ist die erste Eigenschaft, denn Ziele, die nicht klar sind, sind im Vorfeld zum Scheitern verurteilt, das ist fatal. Das Problem ist, dass die wenigsten Menschen richtig klar sind und nicht genau wissen, was sie wollen. Deswegen gleich zu Beginn die berühmteste aller Fragen

„Was willst du wirklich?"

Ziele müssen konkret sein

Nur wenn etwas konkret ist, haben wir die Chance es umzusetzen und zum Ziel zu gelangen. Alles andere ist zum Scheitern verurteilt. Denn mit der Zeit gewöhnt man sich daran und es wird zu einem festen Programm. Dies gilt es unter allen Umständen zu vermeiden. Deshalb besser konkrete Ziele definieren, dranbleiben und dies zum festen Programm machen.

Ziele müssen messbar sein

Was nicht messbar ist – ist zum Scheitern verurteilt. Da gibt es Menschen auf dieser Erde, mit guten Ideen und Vorsätzen, nur weisen diese leider nicht die wichtigen Eigenschaften auf. Ohne diese Parameter ist das Spiel schnell ausgespielt. Was bleibt ist

Frust und das Gefühl des ewigen Versagens. Dieses Gefühl wird uns meistens noch von unserem Umfeld dokumentiert, ist das nicht traurig?

Ziele müssen immer unmissverständlich sein

Ziele müssen klar, konkret, messbar und unmissverständlich sein. Da macht „sowohl als auch" keinen Sinn. Das Ziel muss absolut klar sein, der Weg feststehen und diesen gilt es so lange zu verfolgen, bis man sein Ziel endlich erreicht hat. Ohne nach rechts oder links zu schauen und sich von seinem Umfeld beirren zu lassen. Diese vier Punkte gilt es unbedingt zu beachten. Dadurch kommen Sie Ihren Zielen immer ein Stück näher.

Überprüfen Sie nochmals die zukünftige Partnerschaft

Wir alle leben mit einer Vergangenheit, da haben wir viele Erfahrungen gesammelt, schöne und weniger schöne. Es hat uns geprägt, den einen mehr und den anderen weniger. Auf alle Fälle hat das Ganze Spuren hinterlassen. Ich hoffe, dass es Spuren der Freude und Leichtigkeit sind. Meistens sind es Spuren der Traurigkeit, der Verbitterung. Das ist ungut für eine neue Zukunft, die möglichst aus Freiheit bestehen sollte und nie aus Krampf.

Bitte überprüfen Sie es erneut

Auch wenn Sie die Aufgabe schon gemacht haben, möchte ich Sie bitten, genauer hinzuschauen. Denn es dreht sich um Ihr Leben, Ihr Dasein, voller Freude und Glück. Das dürfen Sie nie dem Zufall überlassen, im Gegenteil, Sie wissen genau, was Sie möchten und was nie mehr.

Dank der Zielformel schauen Sie explizit hin

„Vielleicht habe ich ja auch mal Glück" das gehört der absoluten Vergangenheit an, hat nichts mit Ihnen zu tun. Sie überlegen sich bei allem, was Sie in Zukunft, das heißt, ab sofort dafür tun, wieso und warum das so ist. Dann verfolgen Sie exakt Ihre erarbeiteten Programme. Es hat nichts mit Glück, Zufall oder Pech zu tun, alles ist genauestens geplant. Schreiben Sie daher nochmals auf, was Sie sich für einen Partner wünschen.

Mein wirklicher Partner	Wieso ist das so?	Seit wann?
1.) ______________________	______________________	________________

2.) ____________ ____________ ____________

3.) ____________ ____________ ____________

4.) ____________ ____________ ____________

5.) ____________ ____________ ____________

6.) ____________ ____________ ____________

7.) ____________ ____________ ____________

8.) ____________ ____________ ____________

9.) ____________ ____________ ____________

10.) ____________ ____________ ____________

Wie fühlt es sich an? Vielleicht wundern Sie sich, was diese Fragerei soll? Ganz einfach, Sie sind das Allerwichtigste in Ihrem Leben. Sie können Ihre Bedürfnisse ignorieren und darüber krank werden. Wer permanent gegen sein Inneres lebt, dessen Seele wird erkranken. Hat es diese erstmals erwischt, ist der Weg zu körperlichen Beschwerden kurz. Deswegen gilt es im Vorfeld aufzupassen, dass man nicht abrutscht.

Vor allem was die eigene Partnerschaft anbelangt. Ein Partner, der für einen da ist, den man lieben darf, Zärtlichkeiten austauschen, und mit dem man sich gemeinsam weiterentwickelt, das ist ein großer Wunsch, ein glasklares Ziel. Wenn Sie die jetzige Ausarbeitung mit der vorherigen vergleichen, was hat sich da für Sie geändert? Nachfolgend reduzieren Sie das Ganze auf Ihre drei wichtigsten Bereiche.

Mein wirklicher Partner	Wieso ist das so?	Seit wann?
1.) ________	________	________
2.) ________	________	________
3.) ________	________	________

Wenn Sie die drei Bereiche anschauen, schlägt Ihr Herz höher? Wenn ja, sind Sie auf dem richtigen Weg. Lässt es Sie kalt, stecken schlicht und einfach zu wenig Emotionen drin. Das gilt es schnell zu ändern. Wenn Sie an Ihren neuen Lebenspartner denken, muss sich Ihr Herz wirklich ein paar Takte schneller bewegen. Jetzt kristallisieren Sie den für Sie wichtigsten Aspekt heraus.

Mein wirklicher Partner	Wieso ist das so?	Seit wann?
1.) ________	________	________

Wenn Sie auf Ihre erste Ausarbeitung zurückschauen, was ist nun anders? Es ist wichtig, permanent zu überprüfen, ob man noch auf dem richtigen Weg ist. Was einem unter Umständen quält, man verändern möchte und dann diese Punkte in die Tat umzusetzen. Das Schlimmste ist, was die meisten Menschen tun, sie lassen lieber alles beim Alten, vor lauter Angst, dass die Veränderung außerhalb ihres eigenen Kontrollbereiches liegt. Dafür wird lieber die eigene Seele verkauft, das sollte man aber nie tun.

Mein Fazit: ________________________________

Was wollen Sie nie mehr

Klare Betonung auf nie mehr. Viele Menschen gehen mit diesem Aspekt ins Rennen und sagen „Das möchte ich nie mehr!" Ohne es zu konkretisieren, oder etwas zu ändern. Das Resultat ist deshalb leider zu schwach. Zu hoffen, dass einige Dinge von selbst anders werden, ist ein Trugschluss, der sich nicht erfüllen wird. Eine neue Partnerschaft auf diesem Prinzip aufzubauen, ist zum Scheitern verurteilt.

Wie oft wollen Sie sich noch ärgern

Das ist eine gute Frage, die meisten haben hier eine große Affinität. Nach dem Prinzip „Na, einmal wird es schon funktionieren!" Das ist aber verrückt und ähnelt der Idee, ohne Fallschirm aus dem Flugzeug zu springen, in der Hoffnung, dass es gut gehen wird.

Wahrheit und Klarheit

Es geht um Wahrheit und Klarheit, sich selbst gegenüber. Wer sich vernachlässigt, hat verloren. Für Sie selbst sind Sie das Größte und Wichtigste, was es jemals auf dieser Erde gab. Auch wenn da manche Mütter meinen, dass es ihre Kinder wären. Nun denn, das mag für einige Jahre gelten, doch irgendwann werden die Kleinen flügge und was übrigbleibt, ist in der Tat die gute Mama. Die dann oft abstürzt und unter Umständen dauert es sehr lange, bis sie sich wieder gefangen hat.

Manche Frau und Mutter ist mit dieser Einstellung nach dem Auszug der Kinder oder des Mannes, in ein tiefes Loch gestürzt. Wenn wir doch die Chance haben, manches zu vermeiden, sollten wir es auf alle Fälle tun und nicht zögern. Schreiben Sie bitte alles auf, was Sie nie wieder möchten.

Ich will nie mehr	Wieso ist das so?	Seit wann?
1.) ____________	____________	____________
2.) ____________	____________	____________
3.) ____________	____________	____________
4.) ____________	____________	____________
5.) ____________	____________	____________
6.) ____________	____________	____________
7.) ____________	____________	____________
8.) ____________	____________	____________
9.) ____________	____________	____________
10.) ____________	____________	____________

Sie kennen die Frage, wie Sie sich fühlen. Sie sind dafür verantwortlich, dass es Ihnen supergut geht. Das ist kein Geschenk des Himmels, sondern will Tag für Tag hart erarbeitet werden. Genau diese Übung ist eine der Aufgaben. Festzuhalten, was Sie möchten und was nie mehr. Ich hoffe, dass Sie ehrlich waren.

Denn das ist der erste Schritt, nie mehr die Dinge zu beschönigen, sondern den Tatsachen ins Auge zu schauen. Dies ist mittlerweile zu einer großen Untugend geworden. Wir schauen ab heute den Dingen/Situationen klar ins Auge, lassen uns durch nichts mehr täuschen. Nachfolgend reduzieren Sie bitte alles auf die drei Bereiche, die Sie niemals mehr in Ihrer Partnerschaft möchten.

Ich will nie mehr	**Wieso ist das so?**	**Seit wann?**
1.) ____________	____________	____________
2.) ____________	____________	____________
3.) ____________	____________	____________

Wenn Sie das Ganze reduzieren, umso klarer wird es. Das ist ein großes Gefühl und hilft Klarheit zu schaffen. Menschen, die dies tun, kommen im Leben viel weiter. Sie lassen all die Dinge weg, die ihnen nicht gefallen und belasten. Diese konzentrieren sich auf das Wesentliche. Im Wort ist das Wesen enthalten. Dinge, die zu tun sind, werden getan und alle anderen weggelassen. Dadurch wird es Ihnen um Welten besser gehen. Jetzt kommen wir zu Ihrem extremsten Punkt, den Sie nie mehr in Ihrem Leben möchten.

Ich will nie mehr	**Wieso ist das so?**	**Seit wann?**
1.) ____________	____________	____________

Sie haben intensiv gearbeitet, dass es für Sie Erleichterung und Ansporn bedeutet. Erleichterung, es zu Papier gebracht zu haben, um damit intensiv arbeiten zu können. Das ist ein Gefühl, von unschätzbarem Wert. Schlimm ist es mit Krampf, jammernd, sein Leben zu tristen und zu hoffen, dass von irgendwoher die Erleuchtung, respektive die Erlösung einsetzen könnte.

So langsam, aber sicher kommen wir jetzt nach diesen „Vorarbeiten" zum Kern der Sache, dem Wunsch nach einer innigen, erfüllenden, glücklichen und dauerhaften Partnerschaft.

Mein Fazit: ______________________________

Die Internet-Plattform, von vielen belächelt

Warum nicht, genauso eine blöde Gegenfrage. Wo ist das Problem? Ist doch logisch, es gibt eine Menge kleinkarierter Menschen, die nur schwarz/weiß kennen. Welch ein armes und eingeschränktes Leben, sich die meisten aufladen. Das kann nicht wahr sein, man bekommt ein wunderbares Leben geschenkt und geht wie ein Sklave durch dieses. Nun denn, es muss jeder wissen, wie er sein Leben verbringen möchte. Stets in der Gewissheit, dass es irgendwann gelaufen ist, das ist die einzige, trügerische Sicherheit.

Was sind das für Ignoranten

Lassen Sie sich nie wieder von Ihrem Weg und Ihren Träumen abbringen. Beim eigenen Leben handelt es sich letztlich um einige Tage und Stunden. Menschen, die sich über andere darüber hinwegsetzen, und glauben es beurteilen zu müssen, haben keine Ahnung vom Leben. Sitzen womöglich selbst in einer absolut unbefriedigenden Beziehung und Selbsttäuschung fest. Belügen sich und ihren Partner Tag für Tag, tun so, als ob die Welt in Ordnung wäre. Dabei ist es eine reine Katastrophe und kein Ende in Sicht.

Wie kann man so blind und doof durch die Welt gehen

Das kann zum guten Glück jeder für sich entscheiden. Die Welt ist völlig offen, in alle Richtungen. Wir haben minütlich die Wahl, sind darin völlig frei, auch wenn das nur die wenigsten erfassen. Tragisch, was sich da abspielt. Die meisten fühlen sich in die verschiedensten Konventionen stark eingebunden. Sie würden gerne ihr Leben ändern, da sind aber Glaubenssätze, die hindern, endlich auszubrechen. Wie heißt es treffend

„Dumm sein ist nicht schlimm – aber dumm bleiben!“

Für was haben Sie sich entschieden? Oder wollen Sie für alle Zeiten so weitermachen? Von einem lieben und wunderbaren Partner träumen und hoffen, dass Ihnen irgendwann einmal einer über den Weg läuft? Das wäre eine Variante, an ein Wunder zu glauben, aber Wunder gibt es nicht viele. Besser und sinnvoller ist es, sich jetzt auf den Weg zu machen. Das ist intelligenter und führt schneller zu gewünschten Ergebnissen.

Hören Sie niemals auf andere

Die meisten würden ja schon gerne, aber dann gibt es die Palette an Schnarchnasen, die teilweise massiv versuchen, dass keiner den angestammten Platz, die entsprechende Ebene verlässt. Am besten soll alles so bleiben, wie es war, das ist für die meisten angenehmer. Man wird es nicht unversucht lassen, Sie mit einem Paket an Kontraindikationen zu überhäufen. Gehen Sie aber unbeirrbar Ihren Weg, arbeiten Sie an sich und Ihrem unerschütterlichen Selbstglauben, dieser wird Ihnen helfen.

Sie sind das Maß der Dinge

Lesen Sie diesen Satz erneut durch, Sie, ja nur Sie sind es. Niemand hat das Recht, außer Sie räumen es dem anderen ein, zu bestimmen, was für Sie gut ist. Ich gehe davon aus, dass Sie das 18. Lebensjahr erreicht haben. Somit volljährig sind und was das zu bedeuten hat, muss ich Ihnen sicherlich nicht auflisten.

Entscheidend sind die Ergebnisse und nicht der Weg

Schlussendlich zählen nur die Ergebnisse, alles andere ist uninteressant. Ich hoffe, dass Sie kein komisches Gefühl bei dem Weg übers Internet, einen Partner zu finden, haben. Mir sind einige begegnet, die es halb entschuldigend getan haben, unsicher in der Umsetzung, das sollte man niemals zulassen. Wenn Sie eine Entscheidung getroffen haben, stehen Sie dazu, stellen Sie diese nicht infrage. Das ist unklug, weil man damit seine Position schwächt.

Der Erfolgreiche fängt da an, wo der Erfolglose aufgibt

Die Erfolglosen träumen vom Glück, welches man haben sollte und dann läuft das Ganze. Nun denn, man kann ein Leben lang davon träumen und in der unendlichen Hoffnung leben. Viel klüger ist es nach wie vor, sich auf den Weg zu machen. Dabei muss man unbedingt darauf achten, einmal mehr aufzustehen, als man hingefallen ist.

Ziehen Sie es durch

Komme, was da wolle. Machen Sie es sich zur absoluten Maxime, was Sie sich in den Kopf gesetzt haben, zum Erfolg zu bringen. Achten Sie darauf, dass Sie sich nicht in die Reihe der Aufgeber listen. Das Leben gehört Ihnen und Sie sind es sich schuldig. Das ist alles, eine weitere Erklärung dazu ist nicht erforderlich.

Wieso also übers Internet

Warum denn nicht, vielleicht eine freche Gegenfrage, aber die einzig richtige. Wir leben heute im Internet-Zeitalter. Obwohl es viele gibt, die das bis zum heutigen Tage noch nicht richtig begriffen haben. Etliche sind stolz darauf, dass sie ohne Computer leben. Lächerlich, aber es kann jeder so leben, wie er möchte. Ich will jedenfalls keine einzige Sekunde darauf verzichten. Solch ein großartiges Medium ist ein Geschenk. Das Wort „Global Village" erhält ein klareres Gesicht.

Welche Wege gibt es, einen Partner kennenzulernen

Natürlich gibt es etliche Wege, die nach Rom führen. Suchen Sie den für Sie komfortabelsten aus, er muss mit Ihren Vorstellungen korrespondieren. Nur dann sind Sie imstande Höchstleistung zu erbringen. Lassen Sie uns jetzt gemeinsam eine gigantische, aufregende Reise antreten.

Wo finde ich einen Partner

- Bei der Arbeit
- Im Café
- Beim Einkaufen
- Beim Autofahren
- In der Disco
- Auf einer Ü 30/40/50 Party
- Im Urlaub
- Per Anzeige
- Auf Single-Partys
- Beim Hobby
- Bei Feiern
- Bei Freunden
- Auf Schulungen und Seminaren

Bei der Arbeit

Hier gibt es viele Anbahnungen. Es kann gut gehen, genauso kann es ein schales Gefühl hinterlassen, wenn derjenige, der versucht anzubahnen, auf Widerstand stößt. Da kann es unter Umständen peinlich werden. In manchen Firmen ist es verpönt, was zur Folge hat, dass der eine gehen muss.

Im Café

Man sitzt gemütlich im Café, sieht jemanden Nettes und spricht ihn an. Das ist natürlich nicht jedermanns Sache. Genauso wenig, wie in sonstigen Lokalitäten. Da gilt es eine bestimmte Hemmschwelle zu überwinden.

Beim Einkaufen

Da haben wir die Möglichkeit beim Anstehen an der Kasse, einen Angriff zu starten. Oder sonst wo an einem Regal, an der Theke, das Gespräch zu suchen.

Beim Autofahren

Im Stau, bei der Tankstelle, im Autohaus, an der Ampel. Aus dem fahrenden Auto heraus, auf dem Parkplatz, folglich viele Varianten Kontakte zu knüpfen.

In der Disco

Jedes Wochenende in die Disco, nach dem Motto „Irgendwo muss doch Mister oder Miss Right" sein. Am Tresen zu stehen, auf dem Sitzplatz oder auf der Tanzfläche. Es gibt einige Stationen, wo man sich anbaggern lassen kann oder selbst zum Angriff startet.

Auf einer Ü 30/40/50 Party

Großartige Möglichkeit, dort hinzumarschieren und unter seinesgleichen jemanden zu finden. Ob diese Partys für jedermann das Richtige sind, ich bezweifle es.

Im Urlaub
Beim Essen, am Strand, bei einem Ausflug, bei Animationen oder sonst, wo man sich in lockerer Urlaubsstimmung über den Weg läuft. Klar zu erkennen, dass man allein unterwegs ist oder mit guten Freunden.

Per Anzeige
Da gibt es etliche Varianten und Plattformen Anzeigen aufzugeben. Anzeige schalten und abwarten, ob Antworten kommen und was sich tun wird.

Auf Single-Partys
Man geht als Single hin und weiß, dass sich jede Menge Singles dort aufhalten. Da kann man nur hoffen, dass es passt. Ansonsten ist die Enttäuschung vorprogrammiert.

Beim Hobby
Wenn man das gleiche Hobby hat, kann man sich über den Weg laufen. Plötzlich nimmt man sich wahr, findet sich nett und es kommt zum Dialog.

Bei Feiern
Es gibt Feierlichkeiten, wo man eingeladen ist. Es herrscht ein Ambiente des Vertrauens und zu später Stunde, kann man sich auch näherkommen.

Bei Freunden
Freunde sind häufig als Kuppler unterwegs. Ein gerne gespieltes Spiel, was den Akteuren unendliche Freude bereitet. Aber oftmals für die Beteiligten peinlich ist.

Auf Schulungen und Seminaren
Vor allem wenn diese ein paar Tage dauern. Man hat das gleiche Interessengebiet, tauscht sich beim Frühstück, in den Pausen oder

beim gemeinsamen Abendessen aus. Unterhält sich über das Ganze und versteht sich super.

Wie fühlt es sich für Sie an

Super, bei den Möglichkeiten. Der einzige Nachteil dabei ist klar, man muss normalerweise selbst ansprechen. Gut als Frau ist die Wahrscheinlichkeit größer, angesprochen zu werden. Allerdings liegt es nicht jedem, „fremde" Menschen anzusprechen, und vor allem, bei all den beschriebenen Möglichkeiten oben ist dennoch die Wahrscheinlichkeit hoch, dass der Gegenüber in einer Beziehung ist und dadurch ist die „Frustquote" ziemlich hoch. Wer da entspannt an die Sache herangehen kann, mit dem Fokus auf eine „einfach nette Begegnung," ohne Erwartungshaltung, ist da ganz klar im Vorteil.

Welches sind Ihre Präferenzen

Um das geht es letztlich, jeder Mensch hat Präferenzen und nach denen sollte man sich richten. Es hat auch etwas mit dem Status und dem sonstigen Engagement zu tun. Wenn Sie unter der Woche taff im Business unterwegs sind, werden Sie keine Lust haben, am Wochenende auf die Pirsch zu gehen, sich die Nacht, um die Ohren zu schlagen, um endlich etwas abgrasen zu können. Vielleicht sind Sie auch nicht gerade der coole Anbagger-Typ. Nach dem Motto „Anhauen, flachlegen, abhauen!"

Was ist besser

Das können Sie nur für sich entscheiden. Ich finde es für mich als Mann abstoßend, wie viele und hier vor allem Männer unterwegs sind. Da frage ich mich manchmal, kann man die Frauen nicht in Ruhe lassen. Egal wo, es wird öfters richtig aufdringlich angequatscht. Ständig dadurch in die Abwehr zu gehen, ist für die Frauen nicht amüsant.

Die Internet-Plattform ist eine super Möglichkeit

In Ruhe von zu Hause aus, durchs Netz zu surfen, ist eine super Möglichkeit. Es gibt mittlerweile verschiedene Plattformen. Einfach unverbindlich reinschnuppern, sich anmelden und checken, was tummelt sich auf dem Markt. Etliche Einstellungen ermöglichen uns eine schnelle und klare Sicht der Dinge. All das trockenen Fußes, das heißt, ohne groß dislozieren zu müssen. Eine elegante Form, einen Partner, vielleicht sogar fürs Leben zu finden, meinen Sie nicht auch?

Zuwachs der Teilnehmer

Die Zahlen sprechen eindeutig für sich. Wenn man diese anschaut, hat man das Gefühl, als ob die gesamte Menschheit unterwegs ist. Wahnsinn, wie viele Leute einen liebevollen Partner fürs Leben suchen. Das Angebot ist riesig, aber den Richtigen zu finden, ist die hohe Kunst.

Das „schlechte Gewissen"

Haben Sie insgeheim eine Art Scham, dass Sie „es nötig haben" im Internet einen Partner zu suchen, weil Sie sonst keinen finden? Das ist allerdings wirklich Blödsinn. Das Internet bietet die Möglichkeit, unverfänglich in Kontakt zu kommen, und dies ohne große Umwege. Ein „schlechtes Gewissen" könnte man ja eher bekommen, wenn man in der Stadt unterwegs ist, sympathische Menschen anvisiert und dann Gefahr läuft, sich selbst (im Sinne von Abfuhr) oder die/den anderen in unangenehme Situationen zu bringen. Also ab ins Internet, nur Mut. Allerdings dürfen Sie nicht davon ausgehen, dass jede/jeder, der sich dort tummelt, auf der Suche nach der Liebe fürs Leben ist, doch dazu später mehr.

Halten Sie den Mund

Erzählen Sie niemanden von Ihren Unternehmungen. Das hat den Vorteil, dass Sie nicht dem Gespött ausgesetzt sind, wenn die Geschichte, nicht gleich funktioniert. Davon können Sie absolut überzeugt sein. Es wird in den seltensten Fällen, wie eine Rakete einschlagen, in der Regel wird nur der Fleißige belohnt.

Sie benötigen keine Mitwisser

Es reicht, wenn Sie wissen, dass Sie dabei sind. Die Akzeptanz ist leider in der Bevölkerung miserabel. Stellen Sie sich vor, noch ziemlich unsicher, melden Sie sich an. Ihre Kumpels oder Kolleginnen werden Sie jeden Tag fragen „Und wie klappt es? Hast du schon jemanden gefunden?“ Sie werden es am Anfang verneinen und schon geht das Gespött weiter. Und sicher wollen Sie nicht über sämtliche Versuche Ihre Umgebung auf dem Laufenden halten, von jeder Mail, jedem Telefonat oder Treffen berichten?

Wenn Sie Masochist sind

Da sollten Sie es jedem erzählen, lassen Sie alle wissen, dass Sie auf der Suche sind und nachdem es in der Wirklichkeit nicht geklappt hat, gehen Sie ab sofort übers Internet. Sie werden mit Sicherheit zur Erheiterung der anderen beitragen. Auch wenn diese es nicht direkt vor Ihnen machen, man wird darüber reden.

Wenn ein Baby noch nicht geboren ist

Da gibt es die uralte Weisheit, dass Schweigen angesagt ist. Warten Sie erst einmal ab, ob Sie mit dem neuen Medium klar kommen, es Ihnen Spaß und Freude bereitet, Sie überhaupt zum Zuge kommen. Es gibt nichts Schlimmeres, als den Rückwärtsgang einzulegen. Es würde ja dann schon reichen, dass Sie frustriert sind. Da benötigt man nicht noch den Kommentar der anderen.

Wenn Sie gewonnen haben

Dann können Sie es immer noch weiter erzählen. Sie kennen es bestimmt aus Ihrem Umfeld, da sieht man ein Ehepaar und schon sagt der andere

„Ach ja, die haben sich bestimmt über eine Anzeige oder Internet gefunden!"

Es ist doch egal, wo und wie man sich gefunden hat. Hauptsache man hat eine wunderbare Partnerschaft, in der Vertrauen, Frieden, Liebe und Harmonie herrschen. All das, was man sich jemals in seinem Leben erträumt hat, was für einem wichtig ist.

Plattformen ohne Ende

Man hat das Gefühl, dass es täglich mehr werden, viele wittern das große Geschäft. Nun denn, die Pfründe sind längstens unter den Großen verteilt. Da heißt es für Sie herauszufinden, was Ihnen am besten liegt. Natürlich geht es um einen Partner, da gibt es aber gigantische Unterschiede und darauf sollten Sie achten, dass es nicht in einem Desaster endet.

Täglich kommen neue Plattformen dazu

Es ist wie im Paradies, viele Möglichkeiten, die sich da auftun. Das ist unglaublich, es sind unendlich viele Dinge möglich. Suchen Sie die für sich idealste Variante aus. Wie bei allem im Leben gibt es Vor- und Nachteile, dies müssen Sie für sich abwägen.

Wer die Wahl hat, hat die Qual

So sagt der Volksmund, nun denn, so eng sehe ich das Ganze nicht. Etliche machen ein Drama daraus, dies würde ich nie tun. Wieso auch, das Leben ist Leichtigkeit per se und genau so sollten wir es leben. Wenn das Leben anfängt, beschwerlich zu werden, weil wir die falsche Einstellung haben, ist das fatal. Welch ein Luxus, wenn Sie aus einigen Optionen wählen können. Wenn Sie mehrere Menschen kennenlernen und herausfinden können, wo es am besten passt.

Beschränken Sie sich nicht auf eine Plattform

Das ist mein Tipp an Sie, das Leben ist in jeder Hinsicht Vielfalt. Genau das sollten Sie sich zur Maxime machen. Jetzt sagen Sie sich sicherlich, das kostet doch jedes Mal Geld, ist verrückt, so viel auszugeben. Erstens hat fast jede Plattform die Möglichkeit eines Testabos. Hinzu kommt noch die kostenlose Variante, die es Ihnen ermöglicht, für einige Tage reinzuschnuppern. In der Regel empfehlen sich zum Einstieg auch die 3-Monats-Varianten, denn wenn es Ihnen ernst ist, sollten Sie sich zum einen auch ein viertel oder halbes Jahr Zeit nehmen, um Ergebnisse zu erzielen, zum anderen sollten Sie die Zeit auch genießen, das Herumsurfen auf den Profilen, die leichte Kommunikation. Die möglichen Telefonate oder Treffen. Und Genuss hat in der Regel auch seinen Preis. Seien Sie es sich wert und genießen Sie Ihre „Investition."

Was ist maßgebend

Schlicht und einfach, dass Sie an Ihr gewünschtes Ziel gelangen und dabei glücklich sind. Es ist das Wichtigste, bei dem gesamten Unterfangen. Der Weg dorthin spielt doch überhaupt keine Rolle, der ist völlig uninteressant. Manche Menschen machen bereits aus dem Weg ein großes Drama, finden tausend Einwände und Alibis und sind dann erstaunt, wenn sie nicht zum Erfolg gelangen. Fangen Sie an, ja fangen Sie unverzüglich an, testen Sie mehrere Plattformen. Dadurch erhalten Sie für sich wertvolle vorab Informationen, auf die es schlussendlich ankommt.

Denken und handeln Sie groß

Das wird von den meisten außer Acht gelassen. Dabei ist es eine uralte Lebensweisheit. Wer groß und viel sät, wird genau das ernten. Wer wenig sät, wird wenig ernten. So simpel ist das Spiel, ob wir das wahrhaben wollen oder nicht.

Ich probiere es einmal

Das ist eine Katastrophe, probieren können Sie ein Glas Wein, ein Stück Kuchen, aber nicht solch elementare Dinge, wie eine Partnerschaft. Da gibt es nichts zu probieren, entweder Sie wollen es erreichen, hätten gerne eine glückliche Partnerschaft, dann setzen Sie alles daran, um an Ihr Ziel zu gelangen. Wenn Sie keine möchten, lassen Sie es, alles andere ist Tagträumerei und führt wahrlich ins Nichts.

Wer weiß was er will, bekommt was er will

Das ist eines der berühmten Naturgesetze. Das Leben ist simpel aufgebaut, aber wir machen es uns unnötig schwer.

„Aussaat gleich Ernte!"

Sie werden das ernten, was Sie gesät haben, niemals etwas anderes. Kein Bauer würde so etwas machen. Stellen Sie sich vor, ein Bauer träumt davon Gerste zu ernten und sät aber Roggen. Was wird er ernten? Ist doch logisch sagen Sie sich jetzt, klar ist das logisch und genau nach diesem Prinzip sollten wir verfahren. Bevor ich säe, überlege ich mir, was ich exakt ernten möchte, mache mir ernsthaft Gedanken darüber und dann geht es an die wichtige Aussaat. Nach dieser muss ich warten, brauche Geduld, bis die Saat aufgeht.

„Ursache gleich Wirkung!"

Viele Menschen sind über die Wirkung erstaunt, um nicht zu sagen erschrocken. Dabei haben sie es selbst verursacht, da sagt der Volksmund treffend

„So wie man sich bettet - so liegt man!"

Da ist Wahres dran, die meisten ziehen sich lieber in die Dimension von irgendwelchen Alibi- oder Opferstorys zurück. Man betrügt sich selbst mit solch einer Vorgehensweise und das ist schade. Wie lange möchten Sie das noch in Ihrem Leben tun? Kann dies Ihr Lebensinhalt sein? Ich kann es mir nicht vorstellen.

„Jeder ist seines Glückes Schmied!"

Na klar, was sonst, das ist doch eine altbekannte Tatsache. Bekannt ja, aber wir leben überhaupt nicht danach. Denn die Lebenszeit läuft und läuft. Wie schnell waren die letzten fünf Jahre vorbei? Eines Tages werden wir alt sein und daran denken, was wir hätten alles machen sollen und wollen. Für manches wird die Zeit leider abgelaufen sein.

„Träume sind die Vorboten der Fähigkeiten, die in uns stecken!"

Johann Wolfgang von Goethe hat uns diesen wundervollen Parameter vermacht. Wenn wir imstande sind zu träumen, sind wir auch imstande diese Träume Wirklichkeit werden zu lassen und sie zu leben. Leider haben manche Menschen verlernt zu träumen und wirklich daran zu glauben, das ist schade. Wer nicht träumen kann, hört auf lebendig zu sein. Möchten Sie das tatsächlich, ich glaube es nicht.

Bei mir ist alles anders

Diese Aussage höre ich häufig auf meinen Schulungen und Coachings. „Ja, bei mir ist alles anders!" Stimmt diese Aussage wirklich, ich glaube nicht. Meines Erachtens ist das Blödsinn, wir sind alles Menschen und haben dadurch auch die Grundmuster tief in uns verankert. Erfolg setzt sich aus den gleichen Parametern zusammen. Über diese werden wir in einem späteren Kapitel ausführlicher sprechen.

Frage ist, was Sie wollen und was nicht

Alles andere ist völlig unbedeutend. Ihr Ziel ist es doch, eine großartige, dauerhafte Partnerschaft zu führen. Davon gehe ich zumindest aus, sonst hätten Sie dieses Buch nicht gekauft. Folglich setzen Sie alles, aber wirklich alles daran, damit dieser Traum für Sie Wirklichkeit wird.

Der Ablauf

Jetzt gehen wir ans Eingemachte. Vielleicht haben Sie zwischendurch gedacht, wieso das so lange dauert. Aus einem einfachen Grund, was nützen Ihnen weitere Techniken, wenn es an der Grundeinstellung und dem -verständnis fehlt? Da nützt alles nichts, folglich haben wir das Ganze entsprechend aufgebaut.

Es gibt bestimmte Regeln, die einzuhalten sind

Wie immer im Leben gibt es bestimmte Grundregeln. Wenn wir diese verfolgen, lässt der Erfolg nicht lange auf sich warten. Gehen wir jedoch andere Wege, dauert es ewig oder kommt überhaupt nie zum Tragen.

Halten Sie sich daran

Ich kann Ihnen eines empfehlen, halten Sie sich daran, denn das führt Sie zwangsläufig zum Erfolg. Sie bekommen ein System an die Hand, welches Ihnen hilft, das Ziel zu erreichen.

Sie müssen das Rad nicht neu erfinden

Es scheint heutzutage vielen Menschen nicht en vogue, auf der Erfahrung von anderen zu bauen, sondern sie sind der Meinung, dass man das Rad neu erfinden muss. Es gibt den berühmten Königsweg, der da heißt

„Modelling of excellence!“

Was nichts anderes bedeutet, als Erfolg durch nachmachen. So haben wir damals auch Laufen, Sprechen usw. gelernt. Es sind die gleichen Abläufe, die zum Tragen kommen.

Der Kluge lernt von anderen

Der Narr macht alles allein. Wieso muss ich dieselben Fehler wiederholen? Ich muss mir das nicht antun, wozu auch? Dafür kann ich doch lernen. Hier anhand des Buches, welches extra dafür geschrieben wurde, um Ihnen den Weg zu erleichtern. Eine weitere Form ist, Sie lassen sich coachen.

Zu welchen Menschen gehören Sie

Das können Sie nur für sich beantworten und es dann durchziehen. Ich finde es bewundernswert, wenn es Menschen endlich begriffen haben und das Leben in die eigenen Hände nehmen. Ein Traum, ein selbstbestimmtes Leben führen zu können.

Die einzelnen Schritte

Nun erhalten Sie Ihren genauen Fahrplan. Wenn Sie ihn Schritt für Schritt verfolgen, werden Sie besser und besser. Das geht soweit, bis Sie ein Vollprofi sind. Nachfolgend die einzelnen Schritte.

1. Plattform aussuchen und anmelden
2. Sich zurechtfinden
3. Fotos hochladen
4. Anschreiben
5. Die Reaktionen auf Ihr Anschreiben

Plattform aussuchen und anmelden

Sie haben sich einen Überblick verschafft, welche Plattformen es gibt. Nun geht es an die schnelle Umsetzung, nicht lange warten, sondern sofort mit der Anmeldung/den Anmeldungen beginnen. Je schneller desto besser. Das ist ein normaler Schritt, die Aktiven werden gewinnen, das verliert nie seine Gültigkeit.

Lassen Sie sich nicht einschüchtern

Einige erschrecken über das Anmeldeprozedere und lassen es lieber. Lassen Sie sich davon nicht beirren, beeinflussen oder sogar abschrecken. Ziehen Sie es zügig durch, damit Sie endlich anfangen können, verlieren Sie keine Zeit. Es lohnt sich, zügig zu starten, dadurch erhält Ihr Leben eine wunderbare, neue Perspektive.

Tests ausfüllen

Manche haben Tests eingebaut, da können Sie beruhigt mitmachen, das ist harmlos. In der Regel gibt es daraus resultierend ein paar hilfreiche Selbsterkenntnisse, diese bitte auf keinen Fall überbewerten. Sie können dann den Test ab und zu durchlesen, die für Sie dringlichen Passagen anschauen und bearbeiten, ohne jedoch jedes kleinste Detail zu wichtig zu nehmen.

Dauer der Mitgliedschaft

Das ist die nächste Frage. Gehen Sie davon aus, dass es einige Zeit dauern wird, bis Sie jemanden gefunden haben, der Ihnen gefällt. Deshalb ist es besser, eine längere Mitgliedschaft anzustreben. Wenn Sie aber eher zu den Vorsichtigen gehören, wählen Sie die Mindestdauer. Einer nachträglichen Verlängerung steht natürlich nichts im Wege.

Sich zurechtfinden

Nach der Anmeldung achten Sie darauf, dass Sie sich zurechtfinden. Jede Plattform ist etwas anders aufgebaut. Seriöse Seiten werden Sie professionell durchs Programm führen, dadurch werden Ihnen die Anfangsschwierigkeiten aus dem Weg geräumt. Dies sollten Sie unbedingt mitmachen. Wenn Sie mit einer schönen Regelmäßigkeit die Plattform besuchen, wird es zur Routine.

Testen Sie die Möglichkeiten aus

Das kann ich Ihnen ans Herz legen. Machen Sie keine Doktorarbeit, das ist Blödsinn. Einfach nur machen und tun, heißt ab sofort Ihre neue Devise.

„Just do it!"

Ja, tue es, warte nie wieder auf einen günstigeren Moment, darauf, dass sich von selbst etwas tun wird. Das gehört ins Reich der Märchen. Man muss selbst aktiv werden, endlich ins Handeln kommen, ohne nach rechts oder links zu schauen. Dazu gibt es ein altes Sprichwort

„Sich regen - bringt Segen!"

Ist das nicht wundervoll? Wenn Sie sich aber nicht regen, wird es nur beim Wunsch nach einer Partnerschaft bleiben. Wie viele, relativ frustrierte Menschen, laufen in der Welt herum. Oft mit der Aussage und verbittert „Es gibt keine gescheiten Männer oder Frauen!" Ja, was soll dieser Blödsinn? Es gibt Millionen von großartigen Menschen. Sie jedoch sind das Problem, wenn man sich nicht auf den Weg macht. Wer soll denn davon Kenntnis nehmen, dass da jemand ist, der einen liebevollen Partner sucht, sich nach einer wunderschönen Zweisamkeit sehnt.

Fotos hochladen

Fotos sind ein wesentlicher Bestandteil, um einen Partner zu finden. In der Realität ist ein potenzieller Partner gegenüber. Das heißt, man sieht sofort, ob er einem visuell liegt, den Vorstellungen entspricht. Im Internet ist dies erst durch das Hochladen von Fotos möglich.

Laden Sie Ihre Fotos hoch

Machen Sie dies unverzüglich bei der Anmeldung. Wie häufig im Leben, verschiebt man die Dinge auf später und das ist unprofessionell. Darum tun Sie es sofort, was weg ist, ist weg und Sie können jederzeit auf Wunsch, Ihre Bilder freischalten, geraten dadurch nicht in Hektik. Und wenn Sie anfangs noch unsicher sind, nicht „erkannt“ werden möchten, dann wählen Sie ein Foto, das viel von Ihnen ausdrückt, ohne das Gesicht im Detail zu zeigen. Später bei näherer Bekanntschaft können Sie dann immer noch Detailfotos hochladen oder freigeben.

Betrachten Sie zügig die Fotos des anderen

Oft schreibt man sich länger hin und her. Ist sich sogar sympathisch und nach einiger Zeit schaltet man die Fotos frei. Da fällt man fast vom Stuhl, schenken Sie sich unbedingt durch frühzeitiges Freischalten, solche Erfahrungen. Dadurch blockiert man sich auch für neue Bekanntschaften. Der erste Eindruck vom Bild hat intuitiv eine sehr starke Wirkung und sollte nicht unterschätzt werden. Selbst wenn das Foto kein Detailbild sein sollte, entweder fließt Energie oder nicht. Wenn nicht, dann wäre es doch Zeitverschwendung für beide.

Beachten Sie das Visuelle

Es gibt tatsächlich einige, die durch das Land reisen und behaupten, es gäbe wichtigere Werte. Na bravo, und was ist mit dem Auge, welches auch mit isst? Schließlich soll es eine vernünftige und gute Partnerschaft werden. Es gibt nichts Schöneres, als wenn man sich über den Anblick seines Partners erfreuen kann. Wie heißt es passend

„Es gibt nichts Schöneres, als etwas Schönes!"

Doch was „schön" ist, kann für jede/n etwas anderes bedeuten. Es geht hier nicht um Modelmaße und Schönheitswettbewerb, sondern jeder hat seine eigenen Kriterien. Enorm wichtig ist es einfach, die eventuelle künftige Partnerin, den Partner, gerne anzusehen. Da hat jeder seine Prioritäten, das sind bei Weitem nicht die klassischen Modellfaktoren, sondern ein sympathischer Ausdruck.

Anschreiben, die große Aufgabe

Jetzt müssen Sie endlich zuschlagen, wirklich zuschlagen und nicht den leichten Weg gehen. Die meisten machen einen entscheidenden Fehler. Da sucht man erstmals tagelang nach dem richtigen Profil. Liest Stunde um Stunde, von vorne bis nach hinten die gesamten Fakten durch. Bis man soweit ist und glaubt, die oder den Richtige/n gefunden zu haben. Voller Erwartung schreibt man einen top formulierten Text. Oder man nimmt einen der vorgefertigten Standardtexte, was keinen sehr großen Anklang findet.

Die Standardtexte, ein Armutszeugnis

Wie heißt es in der Branche „Die Menschen sind zu doof, einen Text selbst zu schreiben" also geben wir ihnen einen Standardtext vor. Das ist sackschwach, wenn solch ein Text herein geflattert kommt, einfach einfallslos. Damit berauben Sie sich der Chance auf Individualität, werden keinen großen Erfolg vorweisen können. Sie möchten doch etwas Besonderes sein? Deswegen setzen Sie sich hin und verfassen einen liebevollen, menschlichen Text, das macht sich besser.

Der selbst verfasste, individuelle Text

Das ist die Variante, wo Sie sich unendliche Mühe geben. Vorher per PC den Text in Word verfassen, das Schreiben liegen lassen, um es noch einige Male zu überarbeiten. Vielleicht lassen Sie Korrektur lesen und nochmals von jemandem anderen, damit sich ja kein Schreibfehler eingeschlichen hat. Danach schicken Sie ihn endlich voller Hoffnung los und harren der Dinge, die da kommen werden.

Die Reaktionen auf Ihr Schreiben

Leider siedeln die meisten ihre Erwartungen dermaßen hoch an und sind von ihrem tollen Text überzeugt, dass der wie eine Bombe einschlagen muss. Denken dabei jedoch nicht an die Gegenseite. Dort sitzt ein Mensch, der das Geschriebene liest und schließlich entscheidet, wann und ob er antwortet.

Wahnsinn, was abgeht

Ich kann Ihnen eines empfehlen, bleiben Sie bei allem was Sie erleben werden cool. Das ist enorm wichtig, dass Sie sich nicht ins Bockshorn jagen lassen, oder sich womöglich selbst infrage stellen. Das kann alles passieren, doch lesen Sie selbst.

1. Keine Reaktion
2. Ablehnung
3. Blöde Floskeln
4. Aufforderung mit Telefonnummer
5. Foto Freigabe
6. Nette Schreiben

Keine Reaktion

Sie warten, Ihre kostbare Lebenszeit verstreicht und es kommt keine Antwort. Das ist normal und hat mit Ihnen nichts zu tun. Sie müssen sich vorstellen, dass wir es mit einem riesigen Markt, mit Tausenden von Angeboten zu tun haben, manches nimmt man nicht richtig wahr. Folglich nicht warten, sondern sofort weiter machen. Denken Sie daran, dass man nicht jeden Tag online ist. Oder womöglich in Urlaub und sonstige Varianten. Wenn nichts kommt, ist es auch in Ordnung. Weiter geht es, weiter und nochmals weiter. Bedenken Sie aber auch, dass „Keine Reaktion“ die einfachste und unverbindlichste Reaktion ist. Das ist für beide Seiten eine neutrale Möglichkeit, keine Energie für Kompromisse zu verwenden und lieber weiter machen.

Ablehnung
Es gibt ja bei einigen Plattformen den Button „Adios!" Da erscheint ein netter Spruch von wegen „Vielen Dank für den Kontakt, ich komme jedoch zu dem Schluss, dass wir nicht zusammenpassen!" Jetzt können Sie in eine tiefe Depression verfallen, wenn Sie sich besondere Mühe mit der Auswahl der/s Richtigen gemacht haben. Womöglich haben Sie sich in kleine Details verliebt, aber das sollten Sie in dieser Phase nicht zu ernst nehmen.

Die alte Landarzt-Mentalität
Kennen Sie diese, genau mit der müssen Sie arbeiten, dadurch geht es Ihnen gut. Die Landarzt-Mentalität lautet, klar, konkret, messbar und unmissverständlich

„Der Nächste bitte!"

Halten Sie sich nicht mit Details auf. Wer nicht will, hat gehabt. Es gibt Millionen von Menschen, die auf Sie warten. Wollen Sie sich wegen jemandem, der Sie nicht zu schätzen weiß, oder der meint, dass Ihr Profil nicht passt, aufhalten lassen?

Blöde Floskeln
Auch solche Mails und Antworten kommen zurück. Es gibt Menschen, die da ein wenig seltsam unterwegs sind. Lassen Sie sich nicht davon irritieren. Dumme Antworten hauen Sie unverzüglich in die Tonne.

Aufforderung mit Telefonnummer
Das ist die schnelle Nummer, von wegen „Hallo, ich bin ganz heiß, wo bist du, wann können wir uns sehen, am besten so schnell wie möglich?" Wenn Sie das mögen, können Sie unverzüglich antworten. Für eine solide Partnerschaft finde ich, ist das nicht

ideal. Denn schließlich ist man anonym im Netz, zumindest am Anfang. Und da tummeln sich nun mal alle möglichen Interessenten, häufig eben diejenigen, die nur den schnellen Sex möchten oder auch käufliche Frauen oder Männer.

Foto Freigabe
Da gibt es ein paar ganz schnelle „Hallo, schalte mir dein Bild frei!" Eine klare Ansage, aber genauso schnell fliegst du da wieder raus. Die wollen nur kurz sehen, wie Du ausschaust, ohne sich selbst preiszugeben, das hat Vor- und Nachteile. Mehr darüber im Kapitel Fotos.

Nette Schreiben
Die gibt es natürlich auch, das sind letztlich die schönsten Mails. Da wird sich höflich für das Anschreiben bedankt, mit ein paar persönlichen Worten. Diese Form von Schreiben sind leider nicht ganz so häufig, doch sind sie es wert, das ganze Abenteuer Internetplattform anzugehen.

Jetzt können Sie die für Sie passende Nummer suchen

Manch einer mag mit einer flapsigen und oberflächlichen Art klarkommen. Andere nicht, suchen Sie den für Sie richtigen Stil heraus. Denken Sie bei der Sache daran, wenn Sie sich im Vorfeld nicht wohlfühlen, wie wird es erst in der Realität? Ich kann Ihnen eines empfehlen, gehen Sie keine Kompromisse ein.

Dasselbe gilt natürlich auch im umgekehrten Sinne, denn ab dem Moment, in dem Sie Ihr Profil, vielleicht auch wenn ein Bild dabei ist, hochladen und freischalten, werden Sie „gesehen" und gefunden (bei den meisten Plattformen wird gleich angezeigt, wer gerade „online" ist) und Sie werden vermutlich schnell die ersten Kontaktanfragen bekommen. Hier ist es dann ähnlich, reagieren Sie „mit Leichtigkeit" auf diejenigen Kandidaten, die Ihnen beim ersten Eindruck sympathisch rüberkommen.

Bleiben Sie cool

Lassen Sie sich nicht ins berühmte Bockshorn jagen. Sehen Sie die Geschichte als ein großes Spiel. Es sollte auch Spaß und Freude bereiten, und nicht alles so ernst genommen werden. Aber dennoch klar mit dem Endziel, es in eine Partnerschaft einmünden zu lassen. Das ist alles und der Weg dorthin, möge er noch so komisch, abstrus und durchgeknallt erscheinen.

Nehmen Sie sich nichts zu Herzen

Nochmals, es ist am Anfang eine völlig anonyme Plattform. Da tummeln sich manche Chaoten, frustrierte und sonstige Typen. Es ist nicht jeder darauf aus, eine gute Partnerschaft anzustreben. Manche möchten nur eine kleine Episode haben, Spaß und Fun. Darum betrachten Sie alles mit dem nötigen Abstand. Dadurch geht es Ihnen wesentlich besser.

Je cooler, umso besser

Das sollte die Devise sein, denn wenn Sie sich die Dinge zu Herzen nehmen, werden Sie mit Pauken und Trompeten untergehen. Natürlich wird es die rühmliche Ausnahme der Ausnahme geben, wo alles anders war, auf Anhieb funktioniert hat. Ich kenne jedoch weitaus mehr, wo es nicht so war, die Leute zu früh aufgegeben haben. Oder komische Erlebnisse hatten, darüber Näheres in den folgenden Kapiteln.

Wer die besten Nerven hat, gewinnt

Genau da müssen Sie hinkommen, Sie haben die besten Nerven, auch wenn es zwischendurch mal anders ausschaut. Bleiben Sie dran, immer weiter und weiter, geben Sie nicht auf, beweisen Sie ein unendliches Durchhaltevermögen.

Schreiben gehen hin und her

Man fängt an sich auszutauschen, auch hier das gleiche Spiel. Bleiben Sie bis zum Schluss cool, es gibt täglich Veränderungen, es ist ein spannendes Spiel. Wenn man spielt, gewinnt und verliert man, sehen Sie die Geschichte sportlich. Dadurch erleben Sie keine Enttäuschung und es geht Ihnen besser.

Da gibt es merkwürdige Momente

Es ist wie im richtigen Leben, aber eben etwas intensiver, da man sich nicht gegenübersitzt. Es ist eine gewisse Distanz vorhanden und das erleichtert die Geschichte. Schauen wir uns die einzelnen Varianten an.

- Einmal schreiben
- Zweimal Schreiben
- Schreibpausen
- Flackert wieder auf
- Abschied
- Intensives Schreiben

Einmal schreiben

Sie haben jemanden angeschrieben. Der antwortet zum Beispiel sehr nett. Sie freuen sich riesig, nach dem Motto „Endlich jemand an der Angel!" Sie sind überglücklich und geben sich viel Mühe in der Beantwortung. Sie lesen nochmals alles durch, denken nach, fühlen sich gut rein und dann schicken Sie die Message los. All das in der Erwartung, endlich jemanden gefunden zu haben, Sie warten auf eine Antwort. Nichts tut sich, stündlich überprüfen Sie es. Stunde um Stunde vergeht, ohne ein Feedback. Sie vertrösten sich auf den nächsten Tag. Morgens Ihr erster Schritt, sich sofort einloggen in der großen Hoffnung, dass eine Nachricht da ist.

Doch wieder nichts, Sie warten Tag um Tag und hoffen, dass noch etwas kommt. Im Laufe von mehreren Wochen gewinnen Sie die Gewissheit, dass es nichts wird. Enttäuschung nach der hohen Erwartung. Darum lautet das Thema beim Erstkontakt ganz klar, einmal ist keinmal.

Zweimal schreiben

Vielleicht haben Sie ja Glück und einige Tage später trudelt eine Antwort ein. Sie freuen sich riesig und denken, dass es das vielleicht sein könnte. Überglücklich machen Sie sich ans Werk und verfassen ein Schreiben, um danach auch nichts mehr zu hören. Bingo, wieder endet die Geschichte in einer Enttäuschung.

Schreibpausen

Auch das gibt es, dass jemand nicht dazu kam, egal aus welchen Gründen. Jetzt gibt es ein paar Verrückte, die gleich nach einigen Tagen auf den idiotischen Button „Adios" drücken. Womöglich noch einige Zeilen dazu schreiben von wegen „Ich habe nichts gehört, folglich kein Interesse!" Solche dummen Sachen sollte man nicht tun, bleiben Sie cool. Wenn nichts kommt, werden Sie das früh genug merken.

Flackert wieder auf

Manche tot geglaubte Geschichte flackert wieder auf und häufig fängt man an, lichterloh zu brennen. Ja, es geht weiter, super, ich freue mich riesig, um dann für immer in der Versenkung zu verschwinden. Investieren Sie am Anfang nicht zu viel Gefühl und Herz. Wie gut, wenn Sie darauf vorbereitet sind und darum nicht in ein tiefes Loch fallen.

Abschied

Manchmal kommt eine nette Mail, in der Ihnen mitgeteilt wird, dass man nicht zusammenpasst. Sie fangen an zu grübeln, studieren nochmals die einzelnen Mails. Sicherlich haben Sie etwas falsch gemacht, das ist der pure Wahnsinn, wenn Sie so etwas fabrizieren. Es ist doch egal aus welchen Gründen, fangen Sie jetzt nicht an, sich selbst zu demontieren.

Intensives schreiben

Man freut sich, ein reger Austausch findet statt, ist glücklich und erkennt etliche Parallelen. Gewinnt an Hoffnung, den Partner übers Netz zu finden. Welch ein schönes und erhabenes Gefühl sich breitmacht. Super genießen Sie den Augenblick. Bleiben Sie dennoch cool, es sind noch etliche Hürden zu nehmen und die haben es in sich. Erst mit der Zeit zeigt sich, ob aus der Geschichte eine dauerhafte Beziehung werden kann.

Masse statt Klasse

Gehen Sie unbedingt in die Breite. Geben Sie Vollgas, trödeln Sie nicht herum. Denn sonst holen Sie sich den Frust fürs Leben. Das Leben ist Vielfalt, folglich gönnen Sie sich das unbedingt, es erleichtert Ihnen manches.

Otto Normalbürger schiebt die kleine Kugel

Das ist entschieden zu wenig, Sie müssen wie die Erfolgreichen und Professionellen vorgehen. Permanent dranbleiben, sonst haben Sie definitiv keine Chance.

„Sie wissen doch, wo der Erfolgreiche anfängt, da wo der Erfolglose aufhört!"

Zu welcher Sorte möchten Sie gehören? Auf diese Frage höre ich meist „Ja, das ist doch logisch!" Na bravo, darum sind es nur zwischen 10 und 15% der partnersuchenden Bevölkerung, welche sich auf Plattformen tummeln. Alle anderen sind vielleicht „konventionell" unterwegs oder haben bereits aufgegeben.

Ob Sie es glauben oder nicht, es ist so

Es nützt Ihnen nichts, anders zu denken. Die Statistik würde gegen Ihren Glauben sprechen. Deshalb ist es sinnvoller, die Situation als das anzuschauen, was sie ist. Je schneller man den Tatsachen ins Auge schaut, desto leichter tut man sich im Leben. Stellen Sie sich richtig ein, positionieren sich passend und der Erfolg sei Ihnen gewiss.

Kein Bauer würde ein einzelnes Saatkorn säen

Da würde die Ernte zu winzig ausfallen. Genauso ist es auch beim Fischen mit dem Netz. Sie müssen viele Fische fangen, um danach eine Auswahl zu haben. Dies ist eine Vorgehensweise, die etliche entrüstet ablehnen, für unmoralisch halten. Da könnten einem unverzüglich die Tränchen kommen, bei solch einer verschrobenen Einstellung. Wir sollten uns fragen, wer sagt so etwas? Was sind das für Menschen, mit dieser Einstellung? Die Antwort dürfen Sie sich selbst geben, es sind nie die Erfolgreichen und Glücklichen.

Wie viele sollten Sie anschreiben

Einen, zwei, drei, fünf, zehn, zwanzig, fünfzig, hundert oder noch weitere? Sie kennen die Volksweisheit „Einmal ist keinmal!" Lesen Sie Näheres darüber im nächsten Kapitel. Halten Sie sich daran und Sie werden Erfolg haben. Lassen Sie sich nicht von den Angaben auf den Plattformen oder von dem Erfolg einzelner irritieren. Leider steht nichts von denen, die abbrechen. Auch nicht von denen, die sich seit ewigen Zeiten im Netz tummeln, in der Hoffnung den großen „Hype" zu erleben.

Das Naturgesetz der großen Zahl

Es handelt sich um ein uraltes Erfolgsgesetz. Wer zum Erfolg gelangen will, muss groß denken und danach handeln. Dies tun leider die wenigsten Menschen, weil sie durch ihre eigenen Glaubenssätze daran gehindert werden.

Einmal ist keinmal

Es wäre traumhaft, dass ein einmaliges Unterfangen zum Erfolg führt. Wenn das so wäre, würde es nur Erfolgreiche auf dieser Erde geben. Erfolg in jeder Hinsicht, ist aber den wenigsten vorbehalten. Das ist weiters nicht tragisch, wenn diejenigen, die keinen Erfolg haben, nicht enttäuscht sind.

Die Formel lautet 1.000 = 100 = 10

Wer endlich anfängt, in seinem Leben groß zu denken und zu handeln, kommt weiter, das ist das Wunderbare daran. Dazu gibt es die berühmte Formel

1.000 Kontakte
100 Interessenten
10 Erfolge

Das ist bei allem so in unserem Leben, ist die ungefähre Größenordnung, in welcher wir uns bewegen sollten. Schauen wir es uns gemeinsam an. Was machen die meisten, sie kontaktieren 2 bis 3 Leute und sind in der Regel bitterlich enttäuscht, wenn das nicht funktioniert. Natürlich gibt es die rühmliche Ausnahme, die beim ersten Mal einen super Erfolg bringt. Stellen Sie sich vor, Sie kontaktieren tatsächlich drei Personen.

3 Kontakte

0,3 Interessenten
0,03 Erfolge

Merken Sie was, das ist nichts, ist eine reine Farce. Oder wenn es hinhaut, eines der berühmten, aber seltenen Wunder. Und fast alle schießen sich mit dieser Einstellung ab. Schade für die Hoffnung, das Zittern und Beten, dass es endlich werden möge. Sie können mit dieser Vorgehensweise gar nichts erzielen. Folglich gilt, wieso nicht richtig machen, wenn man sich eh auf den Weg macht.

Das ist Wahnsinn, so viele zu kontakten

„Ein Wahnsinn ist es – es nicht zu tun!" Stellen Sie sich bitte, bevor Sie solche Dinge behaupten die Frage, was Sie überhaupt wollen? Was ist Ihr Ziel? Ich dachte, Sie sind angetreten, um „endlich" in einer schönen Partnerschaft zu münden. Das ist doch Ihr Ziel, oder? Wenn dies nicht der Fall ist, gibt es keinen Sinn, solch einen Akt zu fahren. Wenn Sie aber fest davon träumen, gibt es bestimmte Dinge, welche zu tun sind.

Der Erfolg gibt Ihnen recht

Das ist das Maßgebende, Ihr Erfolg ist das Maß der Dinge, es ist keine Frage der Lust oder Unlust. Es ist ausschließlich die Frage des eigenen Interesses, wenn man Ziele hat, sich diese zu erfüllen.

Auf was wollen Sie warten

Diese Frage stelle ich oft meinen Seminarteilnehmern und Coaching-Kunden. Ja, auf was denn bitte schön? Auf besseres Wetter, auf Glück, auf das Schicksal? Selbstverständlich gibt es noch weitere Dinge, auf welche man warten kann. Nur wo führen diese hin? Das ist eine Katastrophe, wenn man derart in die Welt hineingeht. Das Ende des Liedes ist Frust, wie oft wollen Sie sich diesen noch abholen? Ich hoffe, ab sofort kein einziges Mal mehr.

Das Naturgesetz von Siebung und Auslese

Das ist ein weiteres Gesetz, vergleichen Sie es mit einem Goldsucher. Was muss dieser tun, um ein paar Goldnuggets zu besitzen? Tag für Tag, Woche für Woche, Monat für Monat Sand waschen und sieben, um ab und zu ein Nugget zu finden. Vergleichbar ist es mit einer dauerhaften Partnerschaft.

Es gibt keine gescheiten Frauen und Männer

Wie oft hört man diese Aussage? Es ist zum Volkssport geworden, solch einen Schwachsinn zu erzählen. Was haben Sie davon, wenn Sie so denken? Sie sabotieren sich selbst mit diesem Verhalten. Es gibt großartige Menschen auf dieser Erde, diese gilt es nur zu finden. Mit solch einer Einstellung zu warten, da sind die Resultate doch schon vorprogrammiert.

Weiter, weiter, ist die Devise

Wenn es nicht der „Eine ist, ist es der Nächste." Wenn es der nicht ist, geht das Spiel von vorne los. Was gibt es Schöneres, als in den eigenen vier Wänden gemütlich am PC zu sitzen und Gold zu waschen? Ist das nicht traumhaft? Sie werden dabei nicht schmutzig, müssen nicht rausgehen. Alles frei Haus, das sind in der Tat paradiesische Zustände. „Ein Wahnsinn ist es – es nicht zu tun!"

Nie wieder herumrennen

Sie können Tag und Nacht, 24 Stunden am Tag, 7 Tage die Woche und an 365 Tagen im Jahr aktiv werden, fahren Ihren Rechner hoch und los geht es, bequemer geht es nicht. Ob Sie das gestylt oder im Schlabberanzug tun, keiner sieht es. Sie müssen sich nur anmelden und unverzüglich loslegen.

Das Rad neu erfinden ist unnötig

Öfters erlebe ich es, dass versucht wird, das Rad neu zu erfinden. Dies ist bescheuert, die Parameter sind klar und die Fleißigsten machen wie immer das Rennen. Zu welchen zählen Sie sich? „Ja, ich würde und hätte schon gerne!" Wieso tun Sie es nicht? Auf was warten Sie?

Wann fangen Sie an

Diese Frage sollten Sie sich öfters stellen, sie ist von großer Bedeutung. Darauf gibt es nur eine Antwort „Jetzt sofort!" Wenn Sie sich das zur Maxime machen, gehören Sie ab sofort zu den Gewinnern. Vergessen Sie das Märchen von wegen „Tja, der oder die hat/haben halt Glück gehabt!" Diese Menschen haben nur mehr gemacht, das ist alles.

Internet - das ist alles Blödsinn

Sie haben aus Ihrer Sicht recht, ist das nicht klasse? Erlauben Sie mir die kurze Frage, wie weit sind Sie mit Ihrer bisherigen Einstellung schon gekommen? Haben Sie einen Erfolg verbuchen können? Wenn ja, herzlichen Glückwunsch, wenn nein, wird es höchste Zeit, dass Sie Ihre Grundeinstellung ändern.

Mit solchen Verurteilungen wäre ich vorsichtig

Sie verpassen in Ihrem Leben etliche Chancen, wenn Sie so pauschal ablehnend urteilen und sich neuen Impulsen verweigern. Wissen Sie, woher ich das weiß? Weil ich genauso unterwegs war, viele Jahre war ich oft der Meinung, dass dies und jenes Blödsinn ist. Dass meine Meinung und mein Wissen durch nichts zu schlagen ist. Tja, so kann man auch durch die Welt gehen.

Je mehr ich lerne, desto mehr weiß ich, dass ich nichts weiß

Das Leben ist mittlerweile derart mannigfaltig geworden. Zu früheren Zeiten gab es wirklich sogenannte „Universalgelehrte" die das ganze Wissen der jeweiligen Zeit kannten. Doch inzwischen hat sich das Wissen vielfach potenziert, und wächst laufend explosionsartig weiter, es hat eine so gewaltige Dimension erreicht, dass man unmöglich alles wissen und können kann. Zu glauben, man hätte alles intus, ist ein riesiger Trugschluss, dem Sie sich auf keinen Fall hingeben dürfen.

Demütig sein, ist das Thema

Vielleicht finden Sie das pathetisch und einen „Schmarren" wie die Bayern treffend sagen. Demut ist aber die wahre Größe und hilft uns mit der Gelassenheit, die Dinge anzuschauen und das Beste für uns raus zu nehmen. Ich wünsche mir, dass Sie dies erkennen können und für sich leben.

Sie werden gewinnen

Ist das nicht wundervoll, wer offen durch die Welt geht und den Mut besitzt, andere Dinge auszuprobieren, den angestammten Pfad zu verlassen, erlebt wesentlich mehr. Bereicherung kommt genau durch dieses Verhalten. Verbissenheit, Frustriertheit bleibt für diejenigen übrig, die alles von Anfang an ablehnen.

Wenn Sie eine großartige Partnerschaft wollen

Dann gehen Sie bitte exakt den Weg, über das Naturgesetz von Siebung und Auslese. Es wird Ihnen helfen, den für Sie passenden Partner zu finden. Dies wird nur dann funktionieren, wenn es Ihr fester Wunsch ist, sonst bleibt es bei der momentanen Situation.

Sie haben es in Ihrer Hand

Das ist doch klasse? Sie entscheiden und bestimmen, wie und wo es lang geht. Kein anderer kann es für Sie übernehmen. Wenn Sie sich dessen bewusst sind, ist das ein großartiger Traum.

Ich könnte es probieren

Darüber haben wir bereits am Anfang kurz gesprochen, bitte probieren Sie es nicht, tun Sie es ab sofort. Probieren können Sie ein Glas Wein, ein Stück Kuchen und so weiter. Doch „Probieren" ist nicht wirklich wollen. Wenn Sie ein Probierstück verlangen, erhalten Sie eben ein kleines „Probiererle" ob aber vom großen Kuchen noch etwas da ist, ist die Frage. Vielleicht müssen Sie sich dann von vorne in die Schlange stellen und verlieren Zeit und Energie. Wenn Sie wirklich einen Partner finden wollen, probieren Sie das Internet nicht nur kurz aus, sondern machen es mit ganzer Energie.

Eine blöde Einstellung, das Probieren

Viele Menschen probieren irgendetwas aus, in der Hoffnung, dass es super und großartig wird, endlich der Erfolg Einzug hält. Das Gegenteil ist dabei meist der Fall. Schwer zu verstehen, wieso sich viele Menschen derart quälen. Probieren bedeutet einen kleinen Versuch machen und wenn es nicht sofort klappt, die Finger davon zu lassen. Doch so schnell aufgeben ist kurzsichtig.

Entweder richtig oder lassen

Dazwischen gibt es nichts. Immer diese Halbheiten, das ist unangenehm derart durchs Leben zu gehen, kein Vollprofi würde dies tun. Da heißt es klar zu überlegen, was man wirklich möchte und sich danach gezielt auf den Weg zu machen.

Wollen Sie einen Partner

Dies ist leicht zu beantworten. Wenn ja, ist alles Erforderliche zu unternehmen, damit es passt. Wenn Sie keinen Partner möchten, lässt man es und geht zum täglichen Business über, eine Zwischenstation gibt es nicht. Je schneller man sich an die Gegebenheiten gewöhnt, desto leichter kann man damit umgehen.

Eigenes Verhalten überprüfen

Wie gehen Sie durch die Welt? Wie verhalten Sie sich? Sind Sie eher ein Minimalist oder Maximalist? Dies ist entscheidend, denn nur Maximalisten werden maximalen Erfolg erzielen und im Leben viel bewegen. Alle anderen bleiben auf der Stufe des Minimalisten.

Es können nicht alle erfolgreich sein

Diese Aussage höre ich meist, da muss ich sofort Gegenfragen, um wen geht es bei der Angelegenheit? Um die anderen oder um Sie? Es tut mir leid, mich interessieren die anderen erst in zweiter Linie. In erster Linie geht es um mich höchstpersönlich, mein Leben, meinen Erfolg, mein Fort- und Weiterkommen. Generell um mein Dasein, wenn es mir gut geht, geht es auch den anderen gut. Dies muss man aber erkennen und dann folgt die Umsetzung.

Zu welchen gehören Sie

Zu den Maximalisten oder Minimalisten? Gute Frage, nächste Frage und dennoch würde ich gerne einen Moment hier verweilen, denn dazwischen liegen riesige Welten. Zu den Minimalisten zählen die meisten Menschen. Sie gehen in der Tat mit der geringsten Anstrengung durchs Leben. Kein riesiger Akt, alles immer easy, Anstrengungen sind verpönt.

Dennoch sind es gerade diese Menschen, welche enttäuscht sind, wenn die Ergebnisse nicht entsprechend ausfallen. Sie sind neidisch auf die Erfolgreichen. Allerdings auch nicht bereit, die Anstrengungen auf sich zu nehmen, von denen die Erfolgreichen wissen, dass sie „notwendig“ sind. Da wird gar nicht mehr über Anstrengung nachgedacht, sondern gehandelt.

Von nichts kommt nichts

Wer mehr will, muss mehr tun. Wer viel möchte, muss viel tun. Wer sehr viel möchte, auch da ist es bereits vorgegeben. Dieser muss einen immensen Einsatz bringen. Je schneller man den Mechanismus begreift, desto leichter und eleganter kommt man durchs Leben und gelangt zu seinem gewünschten Ziel. Dadurch erreicht man ein Gefühl der Glückseligkeit.

Verhalten kommt von halten

Wie halte ich mich im Leben? Wie stehe ich dazu, wie gehe ich mit mir und den Mitmenschen um? Wie positioniere ich mich? Wo fühle ich mich richtig wohl, bin ich im Flow? Wo wird es zur Belastung? Fragen über Fragen, die man sich permanent stellen muss. Denn durch diese Fragen kommt man sich näher und lernt immer besser den optimalen Umgang mit sich selbst.

Ihre Glaubenssätze

Welche Glaubenssätze nennen Sie Ihr Eigen? Glaubenssätze haben eine riesige Sprengkraft in sich, es ist unglaublich, was da abgeht. Sie sabotieren uns im Positiven, jedoch vielmehr im Negativen. Das erklärt auch die Situation, wieso viele Menschen sich schwertun, um sich endlich vom Alten zu verabschieden. Da sind Wünsche vorhanden, der alte Müll, oft sogar gänzlich unbewusst, lässt einen aber nicht voranschreiten.

Kennen Sie Ihre Glaubenssätze

Bei dieser Frage verneinen die meisten, keine Ahnung, noch nie gehört. Völlig unbekannt und das macht es gefährlich, sich nicht auskennen, ist sträflich. Es geht um Ihr Leben, da sollten Sie unbedingt wissen, wie die Musik spielt.

Man kümmert sich um alles, aber nicht um sich

Das ist das Fatale daran, für alles ist Zeit und Energie vorhanden. Aber um das eigene Leben und Wohl, dafür hat man keinen richtigen Sensor. Traurig, aber wahr, denn nur wenn man sich auskennt und weiß, wie die Systeme funktionieren, hat man die Chance zum Erfolg zu gelangen.

Nehmen Sie sich täglich eine Stunde Zeit

Eine komplette Stunde, in der Sie sich mit sich selbst beschäftigen. Stellen Sie sich dabei folgende Fragen

1. Wer bin ich?
2. Wer bin ich wirklich?
3. Wo will ich hin?
4. Was ist wichtig für mich?
5. Was ist unwichtig für mich?

6. Was liebe ich?
7. Was hasse ich?
8. Welche Menschen stehen mir nahe?
9. Wer gibt mir viel Energie?
10. Was gibt mir viel Energie?
11. Wer kostet mich viel Energie?
12. Was kostet mich viel Energie?
13. Was würde ich am liebsten tun?
14. Was hindert mich daran, es zu tun?
15. Wie lange will ich noch so weiterleben?
16. Was geschieht, wenn ich nichts ändere?
17. Ist es wirklich das Leben, welches ich mir vorgestellt habe?
18. Könnte ich noch viel mehr leisten?
19. Was könnte ich genau tun?
20. Welche Maßnahmen führen mich zu meinem Erfolg?
21. Was hindert mich am Erfolg?
22. Was habe ich heute für meine Zukunft getan?
23. Was habe ich die letzte Woche für meine Zukunft getan?
24. Was habe ich letzten Monat für meine Zukunft getan?
25. Was habe ich das letzte Jahr für meine Zukunft getan?
26. Was tue ich die nächste Woche für meine Zukunft?
27. Was tue ich im nächsten Monat für meine Zukunft?
28. Was tue ich das nächste Jahr für meine Zukunft?
29. Was tue ich die nächsten zehn Jahre für meine Zukunft?
30. Wer kann mir helfen, schneller voranzukommen?
31. Bin ich mit meinem Erfolg zufrieden?
32. Könnte ich bereits mehr Erfolg vorweisen?
33. Wieso habe ich diesen nicht?

Und noch weitere Fragen. Wenn Sie sich täglich darüber Gedanken machen und sich intensiv mit sich beschäftigen, kommen Sie in andere Bereiche hinein, in eine ganz andere Lebensqualität. Ihr Leben gewinnt an Inhalt und Wert. Das Leben ist zu kostbar, um vor sich hinzutrödeln, das haben Sie nicht verdient, oder?

Millionen von Negationen

Im Laufe eines Lebens hört ein Mensch permanent Millionen von Negationen. Diese sind so intensiv prägend, dass es erschütternd ist. Gut 98% der Menschen, sind leider „Nelei“ artig unterwegs. Das sind Menschen, mit einer negativen Lebenseinstellung. Dies ist nicht gut und vertieft die negativen Glaubenssätze. Hier einige davon, vielleicht kommen sie Ihnen bekannt vor

- Du bist zu klein
- Du bist zu blöd
- Das lernst du nie
- Das ist nichts für dich
- Das war schon immer so
- Schuster bleib bei deinen Leisten
- Wer hoch hinaus will, der fällt tief
- Du wirst schon sehen, wo du hinkommst
- Wir haben eh nie Geld
- Da hast du keine Chance
- Die Welt ist verlogen
- Alles ergaunert und erlogen
- Das ist halt alles Schicksal
- Du glaubst wohl etwas Besonderes zu sein
- Du wirst noch dein blaues Wunder erleben
- Hochmut kommt vor dem Fall

Sie kennen sicherlich auch jede Menge dieser Sprüche

Sie begleiten uns ein Leben lang, permanent aufs Neue, beeinflussen und bremsen uns, das ist traurig. Denn das Leben ist so unendlich wertvoll, birgt immense Möglichkeiten, doch viele Menschen gehen ohne Erkennen und Nutzen ihrer Chancen negativ durch die Welt. Das ist erschreckend und um hier eine Änderung herbeizuführen, müssen wir aktiv vorgehen. Das heißt, der erste Schritt ist, all die gehörten, mittlerweile geglaubten, gelebten, eigenen Glaubenssätze zu erkennen und für den Lerneffekt auch schriftlich festzuhalten. Das hilft weiter zu kommen. Schreiben Sie nachfolgend all Ihre Glaubenssätze auf, bitte ohne Zensur! Los geht's, wie denken Sie über das Leben, das Schicksal, die Chancen, das Geld und sich selbst?

Meine Glaubenssätze?	Wieso ist das so?	Seit wann?
1.) ____________________	________________	______________
2.) ____________________	________________	______________
3.) ____________________	________________	______________
4.) ____________________	________________	______________
5.) ____________________	________________	______________
6.) ____________________	________________	______________
7.) ____________________	________________	______________
8.) ____________________	________________	______________
9.) ____________________	________________	______________
10.) ___________________	________________	______________

Was haben Sie nun für ein Gefühl? Wie fühlt es sich tief in Ihrem Inneren an? Sind Sie begeistert oder erschrocken? Oft gewinnt man aus dieser Arbeit wichtige Erkenntnisse, schreiben Sie diese auf. Halten Sie all Ihre Gedanken sofort fest. Denn Gedanken und Ideen sind wie fliegende Fische. Man sieht sie kurz und schon sind sie in der Weite des Wassers verschwunden. Genau dem wirken wir durch die Schriftlichkeit entgegen.

Wir achten darauf, dass diese Beeinflussung durch die negativen Glaubenssätze möglichst nie wieder geschieht, das gibt uns die große Freiheit. Ich hoffe, dass Sie bei dieser Arbeit ehrlich waren, das ist ein wesentlicher Bestandteil. Denn nur durch die absolute und schonungslose Ehrlichkeit haben wir die Chance, uns richtig zu erkennen. Die notwendigen Maßnahmen einzuleiten, die uns in ein besseres und schöneres Leben führen. Jetzt reduzieren Sie Ihre Glaubenssätze auf die drei schlimmsten.

Meine Glaubenssätze?	Wieso ist das so?	Seit wann?
1.) ____________________	______________	____________
2.) ____________________	______________	____________
3.) ____________________	______________	____________

Als ich es das erste Mal gemacht habe, war mir sofort einiges klar. Sogar erschreckend, in welch einem Muster ich mich da eingebettet habe. Das war keine erbauende und positive Erkenntnis. Im Gegenteil, es war erschreckend und das wollte ich ändern. Ich wollte nie wieder der Sklave meiner eigenen Glaubenssätze sein, die ich mir entweder angeeignet hatte oder im Laufe von Jahren mitbekommen habe. Jetzt reduzieren Sie es auf einen einzigen und für Sie am meisten hemmenden Glaubenssatz.

Meine Glaubenssätze?	Wieso ist das so?	Seit wann?
1.) ____________________	______________	____________

Wie geht es Ihnen? Gut oder eher schlecht? Egal, welches Feeling Sie haben, wichtig ist, was Sie daraus machen. Wo soll Ihre Reise hingehen? Was machen Sie mit den Erkenntnissen? Ist es erbauend oder destruktiv? Viele Fragen tauchen auf, welche nur Sie beantworten können. Das ist nicht schlimm, sondern die entscheidende Ausgangsbasis, um darauf aufzubauen.

Ihr Fazit: ____

Vielleicht fragen Sie sich, was das Ganze soll

Sie kaufen sich ein Buch über Partnerschaft und der Autor spricht zum Beispiel über die Glaubenssätze, vielleicht konsterniert Sie das. Dies ist nicht schlimm und kein Ablenken vom Thema. Im Gegenteil, all diese Themen sind wichtig für Sie. Denn bei vielen Menschen funktioniert es nicht, mit einer vernünftigen, glücklichen Partnerschaft. Zu viele Störungen sind vorhanden, sabotiert durch die eigenen Glaubenssätze. Diese gilt es unbedingt ab sofort zu eliminieren, sonst werden Sie permanent davon sabotiert.

Negative Glaubenssätze für die Partnerschaft

Was oft weitervermittelt wird und welche Glaubenssätze vorherrschen, finde ich katastrophal. Das ist ein Grund, wieso es von dieser Seite aus zu vielen Störungen in einer Partnerschaft kommt, was völlig unnötig ist. Mit einer anderen Einstellung ließe sich manche Partnerschaft wesentlich besser gestalten.

Von wem erhalten die meisten die ersten Glaubenssätze

Mit die größten Manipulatoren diesbezüglich sind Frauen, respektive Mütter. Auch wenn nun manch eine Dame in Opposition gehen wird. Tun Sie es nicht, denn es lohnt sich nicht. Dies weiß ich von Zehntausenden von Schulungen und Partnerschafts-Coachings. Das liegt allerdings auch daran, dass die Männer sprich Väter grundsätzlich weniger dazu neigen, überhaupt über emotionale Themen zu sprechen. Natürlich zählen wir also die Männer, respektive die Väter mit dazu.

Die Weitergabe der Mütter

Ich habe Ihnen hier einige Sätze aufgeschrieben. Natürlich hat die Liste keinen Anspruch auf Vollständigkeit. Es soll Ihnen einen Anhaltspunkt geben.

- Männer wollen immer nur das eine
- Der Papa lässt mir keine Ruhe
- Sex zu haben gehört dazu
- Suche dir einen reichen Mann
- Du darfst dir nicht alles bieten lassen
- Du bist nicht die Magd der Männer
- Männer sollen im Haushalt mithelfen

Männer wollen immer nur das eine

Diese Einstellung ist übel, wie kann man so einen Mist erzählen. Diese Mütter frage ich, ob sie bei der Zeugung ihres Kindes vergewaltigt wurden, nein, so war es nicht, oder? Stellen Sie sich vor, ein kleines Mädchen hört permanent Sprüche dieser Art von der über alles geliebten Mama. Das manifestiert sich dermaßen, bis das kleine Kind es tatsächlich glaubt, dass Männer grundsätzlich so sind. Nun denn, da gilt noch hinzuzufügen, Frauen haben in unseren Breitengraden jederzeit die Möglichkeit, das abzulehnen. Folglich zeigt es auf, dass die Mütter gerne mitgemacht haben.

Der Papa lässt mir keine Ruhe

Der nächste dumme Spruch. Damit will die Mutter klar Mitleid und Liebe erhalten. Sie die Arme und dort der starke Papa, welch nette Geschichte. Ich finde es fatal, dass man jungen Mädchen solche Geschichten erzählt und dies in stetiger Wiederholung. Ich würde mich schämen, mit den Kindern solche Manöver zu fahren.

Sex gehört dazu

Das ist der nächste Schwachsinn, die Weiterreichung der berühmten Opferrolle. „Weißt du Kleines, das gehört als Frau dazu. Ob du Lust hast oder nicht. Danach ist der Papa besser drauf!" Na super, welch eine Form der Prostitution. Ob das sinnvoll ist, die Geschichten zu erzählen, bezweifle ich. Wie kann man solche Dinge erzählen und womöglich noch danach leben? Auf diese Frage höre ich häufig „Tja, das war halt früher so!" Und wie ist es heute? Ist es wirklich wichtig, die alten Kamellen immer herauszukramen? Ich glaube nicht, denn wir leben im „Hier und Jetzt."

Suche dir einen reichen Mann

Du sollst es einmal besser haben als ich. Na, das ist doch eine tolle Botschaft. Wo man solch reiche Männer findet und wie man mit denen umgeht, kann die Mama leider nicht erzählen, weil sie es nicht weiß. Natürlich gibt es reiche Männer, sogar sehr reiche. Darüber habe ich auch ein Buch geschrieben „Ein Millionär als Traumpartner!" Spannend von der ersten bis zur letzten Minute.

Du darfst dir nichts bieten lassen

Klar doch, wehre dich von der ersten Minute an. Immer gleich zurückschlagen, klar zeigen, wer der Chef im Hause ist. Tja, das hätte die gute Mama wohl gerne, weil sie selbst unfähig war, diese Tugenden zu leben. Jetzt will sie es auf alle Fälle durch und über die eigene Tochter ausleben.

Du bist nicht die Magd der Männer

Was ist denn das, klar, vom Reichtum des Mannes profitieren und dann solch komischen Geschichten. In meinem Buch „Ein Millionär als Traumpartner" habe ich einige dieser Manöver geschildert und wo das Ganze endet. Danach ist das Geschrei riesig und es bestätigt sich der Nimbus.

Männer sollen im Haushalt helfen

Das ist keine schlechte Einstellung, wenn die Frau auch berufstätig ist. Blöd wird es, wenn die Frau zuhause ist, der Mann viel arbeitet, weil er selbstständig ist oder sich in einer höheren Position befindet und viele Überstunden macht, da sieht das anders aus.

Kennen Sie das berühmte Mutter- und Tochtergespann

Dieses Modell sieht man häufig, Mutter und Tochter gemeinsam unterwegs. Beim Einkaufen, im Urlaub und bei anderen Gelegenheiten. Mütter lassen häufig ihre Töchter nicht los und diese fühlen sich der armen, von der Mutter selbst inszeniert, gegenüber verpflichtet. Mutter lebt sich nochmals über die Tochter und klebt hundertprozentig an ihr. Das ist ein spannendes Thema, da viele Töchter mit der Situation unglücklich sind.

Die Geschichten der Väter

Auch hier kursieren einige nette Geschichten. Von wegen Frauen flachlegen und den Macho zu spielen. So gerät mancher Junge in ein völlig falsches Licht, seiner Auffassung Frauen gegenüber. Das ist sträflich und führt zu massivsten Störungen in der Partnerschaft. Dies kann oft ein ganzes Leben lang anhalten.

Reine Theorie nützt nichts

Deswegen steigen wir sofort in die Praxis. Welche Glaubenssätze Ihrer Eltern nennen Sie Ihr Eigen? Bitte halten Sie genau in diesem Moment inne und gehen in die Tiefe.

	Glaubenssätze der Eltern?	Was bedeutet das?	Seit wann?
1.)			
2.)			
3.)			
4.)			
5.)			
6.)			
7.)			
8.)			
9.)			
10.)			

Haben Sie alle aufgeschrieben? Wenn ja, herzlichen Glückwunsch, dann ist es für Sie ein ernstes Thema. Wenn nein, schade, was hat das zu bedeuten? Dass Sie nicht ernsthaft an einer Veränderung interessiert sind? Oder Sie gehören zu den Menschen, die glauben, alles später machen zu wollen und dabei vergessen, dass es in der Regel kein „Später" geben wird. Denn alles, was wir verschieben, wird meistens nichts mehr.

Da aber eine Partnerschaft für Sie ein Thema ist, sollten Sie auch dran gehen. Als ich mir das erste Mal die überlieferten Geschichten meiner Eltern aufgeschrieben habe, war es lustig, die Erkenntnisse zu gewinnen. Einiges war mir bis dato schon klar, jedoch es schwarz auf weiß zu sehen, hatte eine andere Wirkung. Schreiben Sie die für Sie drei wichtigsten Glaubenssätze auf.

Glaubenssätze der Eltern?	**Was bedeutet das?**	**Seit wann?**
1.) ____________	____________	____________
2.) ____________	____________	____________
3.) ____________	____________	____________

Wie fühlt es sich an? Gut, sehr gut oder werden Sie vielleicht zornig/wütend auf die Eltern? Wenn ja, lassen Sie das kurz zu und dann verabschieden Sie es bitte schnell für alle Zeiten. Denn das Leben ist zu kostbar und wertvoll, um überhaupt eine einzige Sekunde zu verschenken. Es gibt Menschen, die geben ihren Eltern ein Leben lang für alles was passiert, die Schuld. Das nützt nichts, mit dieser Einstellung machen Sie sich die Gegenwart kaputt. Wollen Sie die nächsten 10 oder 20 Jahre derart verbringen? Reduzieren Sie das Ganze nachfolgend auf Ihren massivsten Punkt.

Glaubenssätze der Eltern?	**Was bedeutet das?**	**Seit wann?**
1.) ____________	____________	____________

Jetzt haben Sie einen genauen Überblick, wissen woher manche Störung in Ihrer Beziehung oder Beziehungsfähigkeit herkommt. Wenn Sie alles so lassen, wie es war, werden auch die Resultate stets die gleichen bleiben. Folglich packen Sie es an und verschieben es niemals wieder auf später. Denn Verschieberitis ist eine schlimme Krankheit.

Ihr Fazit: ____

Geben Sie Vollgas

Das ist meine Botschaft an Sie. Hören Sie sofort, genau in diesem Augenblick auf herumzutrödeln, das haben Sie nicht nötig. Womöglich ewig in der Hoffnung lebend, dass der ersehnte Wunschpartner fürs Leben plötzlich vor Ihnen steht. Bis dahin dann wie ein lahmes Entlein unterwegs zu sein. Doch was zählt, kommt nicht von selbst, sondern ist Lohn Ihrer Anstrengung. Es ist einzig und allein der Sieg, der erste Platz, alles andere ist uninteressant.

Was wollen Sie genau

Was wohl, einen liebevollen Partner. Na super, dann setzen Sie alles daran, Ihr ganzes Bestreben sollte darauf fokussiert sein. Sie schauen weder nach rechts noch nach links, Ihr Blick ist nach vorne gerichtet. Ihr Ziel ist das Maß aller Dinge, es gibt keine Ausnahme. Sie geben Vollgas, bis Sie Ihr gewünschtes Ziel erreicht haben, vorher geben Sie nicht auf. Wenn es soweit ist, werden wir uns sicherlich nicht zurücklehnen, sondern diese wertvolle Beziehung leben, hegen und pflegen.

Ziehen Sie bitte alle Register

Wenn Sie im Internet unterwegs sind, ab und zu einmal einen oder eine kontaktieren, was glauben Sie, was da Großes passiert? Nichts, es bleibt alles bei einer reinen Farce, möchten Sie das wirklich? Ich glaube nicht und deshalb werden Sie nimmermüde, täglich an Ihrem neuen Ziel zu arbeiten. Jagen Sie tagtäglich zig Nachrichten raus, in der Gewissheit, dass circa 2/3 versandet. Das heißt, Sie werden keine Resonanz erhalten. Sie kennen mittlerweile das Gesetz der großen Zahl, welches Sie unbedingt beachten sollten.

Achten Sie unbedingt auf das Visuelle

Das möchte ich Ihnen ans Herz legen. Je schneller Sie sich ein Bild machen, desto zügiger wissen Sie, ob es passen könnte oder nicht. Auch wenn jetzt einige sofort intervenieren werden. Dadurch haben Sie ab sofort die große Chance, sich neu zu orientieren. Genau das sollten Sie tun.

Neustart, aber richtig

Gehen Sie bitte keine Kompromisse ein. Denn im Wort Kompromiss ist das Wort missen enthalten. Möchten Sie tatsächlich in Ihrer neuen Beziehung etwas missen? Bitte nein, denn das haben Sie doch hinter sich, meinen Sie nicht auch?

Ihr Gegenüber soll die Fotos freischalten

Wenn das nicht relativ früh passiert, rennen Sie womöglich einer Fata Morgana nach. Investieren Zeit und Kraft, in einen neuen Menschen, der Ihnen nicht gefällt und was ist dann? In der Zeit hätten Sie bereits andere kontaktieren können. Da haben Sie womöglich schon den richtigen Partner für sich gefunden.

Schreckensszenario hoch zwei

Es gibt noch weitere Szenarien, wir beschäftigen uns jetzt mit dem zweiten Szenario. Stellen Sie sich einmal vor, Sie halten ohne Fotos über Wochen oder sogar Monate Kontakt. Man tauscht sich sehr nett per E-Mail oder Telefon aus, versteht sich, leise Gefühle tun sich auf. Die Erwartung steigt, dann kommt der Moment, wo die Bilder ausgetauscht werden und Sie fallen fast vom Stuhl. „Um Gottes willen, wie sieht denn der/die aus? Ist ja überhaupt nicht mein Typ!" Eine blöde Situation, in diese Sie sich da reinmanövriert haben. Noch schlimmer, wenn sich das Geheimnis beim ersten Treffen lüftet, dann kann der Schreck riesengroß sein.

Was tun, ist die Frage

Eine verzwickte Situation, man hat sich nett geschrieben, gut verstanden, schön ausgetauscht und jetzt das. Das Foto, so hässlich, oh nein. Nun haben Sie sich einen Konflikt geschaffen. Das ist unnötig, sich selbst Probleme aufzubauen. Genau deshalb lesen Sie das Buch, um solche Situationen zu vermeiden. Denn wie heißt es treffend „Der Kluge lernt von Erfolgreichen!" Sie haben nun folgende Möglichkeiten

- Sie melden sich nicht mehr
- Sie drücken auf den Button „Adios"
- Sie sagen die Wahrheit
- Sie machen weiter und hoffen...........

Sie melden sich nicht mehr

Das ist nicht die schöne Nummer, aber die Variante, sich aus der Situation zu verabschieden. Womöglich wird sich der andere melden, was los ist. Hartnäckige werden sich nochmals melden, das war es dann, manche nett, andere massiv.

Sie drücken auf den Button „Adios"

Das ist die oberfieseste Variante, das Bild anschauen und schnell auf den Knopf zu drücken, das zeugt nicht von menschlicher Stärke. In der Regel tut es dem anderen auch weh, denn mit solch einem Verhalten, hat er nicht gerechnet. Nun, gegen seine Gefühle kann man nichts machen.

Sie sagen die Wahrheit

Ich persönlich finde, dass es die ehrlichere Variante ist, offen für die Situation zu sein. Mailen Sie als Beispiel folgenden Text. „Hallo, liebe Eva ich danke dir für deine Fotos. Ich habe leider ein

Problem, ich hatte eine andere Vorstellung, das tut mir echt leid. Ich war glücklich, in dir einen Menschen getroffen zu haben, mit dem ich mich wunderschön austauschen kann. Wie siehst du das aus deiner Sicht? Danke für deine Hilfe. Alles Liebe dein Egon!"

So oder ähnlich kann der Text lauten, das ist ehrlich. Vielleicht entwickelt sich daraus eine schöne Freundschaft. Es muss ja nicht immer gleich in einer Partnerschaft münden. Das ist jedoch die netteste Variante, nehmen Sie sich bitte Zeit dafür. Manche klatschen einem die Wahrheit, wie einen nassen Lappen um die Ohren, von wegen „Du bist leider nicht mein Typ, passt nicht in mein Beuteschema. Alles Gute für dich!" So kann man es auch gestalten, das finde ich unschön. Stellen Sie sich vor, Sie würden solch eine Mail erhalten. Wie würde sich das für Sie anfühlen?

Sie machen weiter und hoffen

Dass sich die Angelegenheit im Sand verläuft, das finde ich verwerflich, denn es geht um Gefühle. Mit diesen sollte man niemals spielen, das ist die unfeine Art. Auf diese Aussage höre ich häufig „Ja, wo ist das Problem, andere machen das doch auch."

Denken Sie bei allem daran, wie Sie sich fühlen würden

Das sollten Sie bitte immer tun, Sie haben es doch mit Menschen und ihren tiefen Empfindungen zu tun. Was du nicht willst, was man dir tut, das füge keinem anderen zu. Wenn Sie dies befolgen, liegen Sie richtig. Es ist nicht kompliziert, derart durchs Leben zu gehen. Werden Sie zum Menschenkenner und nicht -vernichter.

Vorbeugen ist besser als heilen

Klüger und cleverer ist es, sich gar nicht in solche Situationen zu bringen, das erspart Ihnen und anderen viel Elend. Aus diesem Grunde arbeitet man im Leben, wenn man zum Erfolg kommen will, mit Strategien. Achten Sie unbedingt darauf, dass Sie bereits nach den ersten zwei Mails die Bilder austauschen. Es gibt mittlerweile auch Plattformen, wo von Anfang an die Bilder zu sehen sind. Siehe zum Beispiel Tinder, wo man nach rechts oder links wischt.

Wenn gezögert wird

Das geschieht manchmal, dass gezögert wird. Es kann verschiedene Gründe haben, entweder ist der andere hässlich (oder glaubt, es zu sein), hat noch keine Bilder hochgeladen oder wartet, bis Sie Ihr Bild freigeschaltet haben, um schnell abzuhauen, das ist meist so. Da heißt es dann schon gleich kurz und bündig „Schalte bitte deine Bilder frei!“ In 98% der Fälle steckt ein Voyeur dahinter, der anonym bleiben möchte. Aber schauen will, wie der/die andere aussieht. Wenn es Ihnen nichts ausmacht, dass Sie aller Wahrscheinlichkeit weggeklickt werden, schalten Sie Ihr Foto frei.

Die meisten haben kein Problem

Wenn Sie Ihre Bilder nicht auf die Plattform laden möchten, können Sie diese auch via Mail senden. Bitte beachten Sie, für Internetaktivitäten sollten Sie grundsätzlich unverfängliche Mailadressen nutzen, also nicht Ihre Hauptadresse. Deshalb bei irgendeinem großen Anbieter, eine neutrale Mail-Adresse einrichten. Ich würde am Anfang niemals mit meiner Hauptadresse rausgehen.

Achten Sie bitte darauf

Nehmen Sie es bitte nicht auf die leichte Schulter oder lachen womöglich über die Situation. Nach dem Motto „Ach, bei mir ist das anders“ das ist ein großer Trugschluss. Denn irgendwann wird es Sie einholen, folglich passen Sie gut auf sich auf. Versenden Sie Ihre Bilder im Austausch. Nicht das Sie sich mit Ihren Gefühlen in etwas reinbeamen und es kommt womöglich zu wenig zurück.

Das erste Telefonat

Nachdem die Bilder ausgetauscht wurden, ist der nächste logische Schritt, zu telefonieren. Da gibt es lustige und weniger lustige Episoden. Wie gut, wenn man darum weiß, da kann man unbefangener damit umgehen. Wie immer im Leben, optimale Vorbereitung ist durch nichts zu ersetzen.

Die Telefonnummer zu erhalten

Das ist manchmal abenteuerlich. Da gibt es die Schnellen, die einfach schreiben „Hey komm, rufe mich an, hier ist meine Telefonnummer!“ Andere zieren sich oft, auch wenn Sie nach längerem Onlinekontakt keine Nummer erhalten, lohnt es sich nicht länger Zeit zu investieren. Denken Sie daran, Ihre Lebenszeit läuft.

Sie haben die Telefonnummer

Vielleicht haben Sie diese auch gegenseitig ausgetauscht. Dann kommt der große Moment des Anrufens. Ich habe mir erklären lassen, dass es nach wie vor so ist, dass der Mann die Frau zuerst anruft. Nun denn, dies sollte kein Problem sein.

Sie rufen an oder werden angerufen

Das ist nochmals ein etwas komischer Moment. Wie wird der andere sein? Höflich, hat er eine tolle Stimme, nett oder eher komisch. Spannung steigt, Sie wählen die Nummer, es klingelt. Keiner geht dran oder die Mailbox. Gott sei Dank, dadurch haben Sie eine Verschnaufpause. Was Blödsinn ist, denn Sie haben ja ein Ziel vor Augen. Ein sehr klares Ziel sogar und das schaffen Sie nur, wenn Sie den anderen an die Strippe bekommen. Am besten, Sie vereinbaren eine bestimmte Zeit, dann ist es auch nicht ungelegen und beide können sich innerlich ein wenig vorbereiten.

Der andere nimmt ab

Professionelle Leute sagen den Vor- und Nachnamen. Die meisten schnattern irgendeinen Namen herunter. Den können Sie natürlich nicht wissen, da Sie in der Regel nur den Vornamen kennen. Da müssen Sie kurz nachfragen „Hallo, bist du es Eveline?" „Ja" und dann geht es los, die ersten paar Sätze zu finden, um das Eis zu brechen, da gibt es supertolle Momente. Lassen Sie uns die verschiedenen Typen anschauen

- Der Redselige
- Der Stumme
- Der Mürrische
- Der Besserwisser
- Der Ausfrager
- Der Dialektler
- Der Sympathische

Der Redselige

Der quatscht Ihnen gleich von der ersten Minute an, die Ohren voll, dass Ihnen schwindlig wird. Er erzählt Ihnen angefangen von der Großmutter, bis hin zu den Kindern, die noch nicht auf der Welt sind. Vom blöden Chef und der/m komischen Ex. Innerhalb von kurzer Zeit haben Sie einen totalen Einblick, Sie kommen nicht zu Wort. Jedes Mal, wenn Sie ansetzen, etwas zu sagen, geht es genau in dem Tempo weiter. Da können Sie sich vorstellen, wenn das zu einer Beziehung führen sollte, wo Sie da stehen.

Der Stumme

„Hallo, bist du es Inge?" „Ja, ich bin es." „Klasse, dass wir telefonieren können." „Finde ich auch." „Wie geht es dir?" „Sehr gut." „Was machst du Schönes?" „Nichts." „Wie lange bist du schon bei der Plattform?" „Einen Monat." „Wie sind deine Erfahrungen?" „Es geht." „Sag mal, sollen wir lieber ein anderes Mal telefonieren?" „Ja." „Darf ich dich wieder anrufen?" „Weiß ich nicht!" So oder ähnlich verlaufen diese Gespräche. Du baust eine Brücke, dass der andere bequem darüber stiefeln kann und was macht dieser, er bringt sie zum Einstürzen. Stellen Sie sich diese Partnerschaft vor nett, oder?

Der Mürrische
Das ist genauso bescheuert, da kommt keine Stimmung auf. Ich frage mich echt, ob es für solche Menschen nicht besser ist, für sich zu bleiben. Was suchen die überhaupt bei einer Partnerschaftsbörse? Da sind die völlig verkehrt am Platze. Am besten sucht sich dieser Typus jemanden, der genauso ist.

Der Besserwisser
Er weiß und kann alles, dies stellt er gleich von der ersten Minute an klar, sehr unangenehm, solche Zeitgenossen. Da wären Sie in solch einer Beziehung verloren. Alles was Sie sagen, wird unverzüglich glatt gebügelt.

Der Ausfrager
Das ist ein Chaostyp, Fragen über Fragen, aber er gibt selten etwas von sich preis. „Wie lange bist du schon allein? Wieso ist die Beziehung auseinander gegangen? Wer war schuld? Wie lange bist du schon bei dieser Plattform? Wirst du wieder heiraten? Magst du Kinder? Wie stellst du dir eine Partnerschaft vor? Wie sieht für dich ein Wochenablauf aus? Wie gehst du mit Konflikten um? Wie oft brauchst du Sex? Bist du treu? Wie möchtest du mit mir das Alter verbringen? Was ist für dich wichtiger, Gespräche oder Sex?" Und viele weitere Fragen, diese Beziehung hätte doch was. Sie erfahren nichts vom Gegenüber, werden aber permanent ausgefragt und dürfen Rede und Antwort stehen.

Der Dialektler
Das ist eine besondere Gattung Mensch. Nichts gegen Dialekte, auch ich spreche mehrere. Jedoch nur unter meinesgleichen und

bestimmt nicht mit Fremden. Wissen Sie wie unangenehm, wenn man nur die Hälfte versteht. Man kann ja nicht bei jedem zweiten Satz nachfragen „Was hast du gesagt?“ Denn es wird in dem gleichen Tempo, in Dialektform wiederholt. Wie soll das gehen, eine Partnerschaft, wo Sie nichts oder nur die Hälfte verstehen?

Der Sympathische

Da gibt es doch tatsächlich noch die sehr Netten und Sympathischen, wo man ein tolles Gefühl hat. Man versteht sich von der ersten Minute an, jeder bringt sich ein. Das ist richtig nett, keine Verkrampftheit, genau so darf und muss es sein.

Ich bin mir sicher, dass Sie ab und zu lachen mussten

Wenn es nicht so ernst wäre, da wäre es tatsächlich zum Lachen. Hier geht es jedoch um Partnerschaft, Anbahnung einer neuen Beziehung und dann solche Nummern. Da frage ich mich öfters, was sind das denn für Menschen? Die wohl ewigen Singles, bis an ihr Lebensende?

Denken Sie dran, weniger ist mehr

Verschießen Sie nicht beim ersten Telefonat Ihre gesamte Munition, weniger ist auf alle Fälle besser. Wie leicht passiert es, wenn man sich sympathisch ist, dass man Zeit und Raum verliert, das ist nicht gut. Überfordern Sie sich und Ihren Gegenüber nicht gleich mit dem ersten Gesprächstermin. Achten Sie darauf, dass Sie den Abgang finden. Ideal fürs erste Gespräch sind ca. 15 Minuten, das hat mehrere Vorteile.

- Effizientes Telefonieren
- Sich rar machen
- Spannung steigt
- Freude auf das nächste Mal
- Zeitersparnis

Effizientes Telefonieren

Bei allem was Sie tun, denken Sie daran, dass unsere Lebenszeit beschränkt ist. Wir haben kein ewiges Leben, hier auf Erden. Jetzt denkt womöglich der eine oder andere, das kann nicht wahr sein, wir sind doch nicht im Business. Richtig und doch gelten die gleichen Zeitwerte. Wenn der Kontakt enger wird, kann man es natürlich verlängern. Doch gerade am Anfang, selbst wenn das Gespräch nett war, legen Sie sich nicht zu sehr auf nur einen Kontakt fest. Rufen Sie in der Zeit lieber mehrere an, vielleicht finden Sie das verwerflich. Haben Sie oder die Gegenseite überhaupt schon zugesagt? Wurde bereits die ewige Treue versprochen? Sicherlich nicht, wir bewegen uns doch auf einem freien Markt, also bitte nicht das eine mit dem anderen verwechseln.

Sich rar machen

Auch dies gilt es zu beachten. Wenn Sie sprichwörtlich das gesamte Pulver beim ersten Mal verschießen, war es das unter Umständen schon gewesen. Folglich passen Sie gut auf sich auf, dass Sie nicht vor lauter Freude und Gefühlen übers Ziel hinausschießen, dies ist nicht besonders intelligent.

Spannung steigt

Es muss eine gewisse Spannung drin sein. Eine gespannte Erwartung, auf das nächste Mal. Auch wenn es in dem Moment vielleicht schwerfällt, übertreiben Sie nicht. Bleiben Sie bei der Angelegenheit cool, Sie werden dadurch mehr Erfolg haben. Denn es geht in dieser Phase klar um die berühmte Anbahnung. Eine Vertrauensbasis schaffen und aufbauen, sich näherkommen, Interesse erwecken. Dies ist das Thema und nicht gleich eine neue Beziehung einzutüten, das ist das Ziel verfehlt. Wer mit der Türe ins Haus fällt, hat verloren.

Freude auf das nächste Mal

Es ist traumhaft, wenn man sich auf das nächste Mal freut und es kaum noch erwarten kann. Zu träumen, ist etwas vom Schönsten. Wenn man keine Träume mehr hat, wird das Leben trostlos, genau das darf es aber nicht werden. Achten Sie darauf, dass Sie es für sich in der traumhaften Erwartung auf das nächste Mal halten.

Zeitersparnis

Es geht auch um die reine Zeitersparnis. Denn was nützt es, wenn Sie das Gespräch toll finden und der andere eher weniger oder fast nicht, es nicht sagt oder zeigt. Das Ganze allerdings auch keine Fortsetzung findet. Da nützt es nichts, wenn Sie mit Ihrem Gegenüber stundenlang über dies und jenes quatschen. Widmen Sie diese Zeit für andere Kontakte oder Telefonate, im Sinne von mehr Lockerheit, Erfahrung und Auswahl.

Wenn das Telefonat gut war, bleiben Sie dran

Nicht warten, dass sich irgendetwas tun wird. Weiter vertrauen und Sympathie aufbauen, Sie wollen doch Ihr Gegenüber überzeugen, dass Sie der oder die Richtige sind. Vergessen Sie niemals „Von alleine wird sich nichts tun!“

Wenn das Gespräch Sie bereichert hat

Wenn Sie sich sagen können „Hey, das ist ja richtig schön, tut mir gut, ich fühle mich wohl!“ Dann bedanken Sie sich zum Abschluss des Gespräches, mit folgendem oder ähnlichem Wortlaut „Vielen herzlichen Dank für das Gespräch. Das war richtig klasse mit dir zu telefonieren!“ Darauf folgt eine kurze Pause, dann hören Sie, was Ihr Gegenüber sagt. Wenn es auch positiv ist, fragen Sie nach, ob Sie nächste Woche wieder anrufen dürfen.

Der nächste Akt wäre geschafft

Freuen Sie sich bitte darüber, dass Sie Ihrem Ziel ein Stück näher gekommen sind. Wiegen Sie sich jedoch nicht in Sicherheit, denn es gibt noch viele Unwägbarkeiten. Es ist spannend, manchmal sogar richtig bescheuert. Wichtig ist, bleiben Sie bei Ihrer Leichtigkeit, wenn Sie zu verbissen an die Sache gehen, könnten Sie Schaden erleiden.

Freuen Sie sich und weiter geht es

Das Dümmste, was Sie machen können, ist Gas raus zu nehmen und nur noch abzuwarten. Nach dem Prinzip „Super, ich habe es geschafft!“ Gar nichts haben Sie geschafft. Die Erfahrung haben Sie bestimmt schon in Ihrem Leben gemacht. Was heute gut ist, kann eine Sekunde später anders ausschauen. Folglich cool bleiben und weiter machen. Keine falsche Bescheidenheit oder solche Glaubenssätze wie „Das tut man nicht!"

Bedanken Sie sich per SMS/WHATSAPP für das Gespräch

Es ist wie ein Ofen, welchen Sie in Gang gebracht haben, das Feuer brennt. Wenn Sie kein Holz nachlegen, wird das Feuer ausgehen. Der nächste Holzscheit, schicken Sie eine SMS/Whatsapp. In dieser bedanken Sie sich für das sehr nette Gespräch, machen ein schönes Kompliment. Angenehme Stimme, tolle Einstellung oder so ähnlich. Eben was man über ein erstes Gespräch sagen kann.

Zeigen Sie Nähe, Menschlichkeit und Interesse

Das sind sehr wichtige Parameter. Das hilft Ihnen auch abzuklopfen, in wie weit der andere mitgeht. Kommt eine SMS/Whatsapp zurück, ist das ein gutes Zeichen. Hören Sie nichts, dürfen Sie gerne ein Fragezeichen setzen. Das kann viele Gründe haben, schauen wir uns diese gemeinsam an

- Kein Interesse
- Keine Zeit
- Einen anderen Partner gefunden
- Eine Strategie

Das sind im Schnelldurchgang einige Parameter, die zum Tragen kommen können. Es ist wichtig, dass Sie wissen, was draußen abläuft, damit Sie sich anpassen können. Je klüger und cleverer Sie vorgehen, desto leichter können Sie durchs Leben schreiten. Das Fatalste ist, halb blind durch die rosarote Brille zu schauen.

Kein Interesse

Das kann gut sein, dass Ihre Stimme und die Worte nichts ausgelöst haben, oder sogar eine gewisse Abwehr. Sie fanden es besonders nett und schön, der andere das Gegenteil davon. Als Sie ihm/r ein Kompliment gemacht und sich zum Abschluss bedankt haben, hatte der andere nur keinen Mut zu sagen „Wir werden nicht mehr telefonieren. Du bist nicht mein Typ." Die meisten sagen lieber nichts, oder sogar „ja es war schön" in der Hoffnung, dass es sich von selbst erledigen wird.

Keine Zeit

Es kann natürlich sein, dass der andere keine Zeit hat. Gerade angespannt ist, vielleicht lieber in Ruhe antworten wollte und es dann vergessen hat. Einige Möglichkeiten, die zum Tragen kommen. Bitte nicht gleich in eine Enttäuschung verfallen, immer ruhig und cool bleiben, dann werden Sie gewinnen.

Einen anderen Partner gefunden

Das kann auch passieren, dass Ihr Gegenüber bereits einen Partner gefunden hat. Das geschieht relativ oft und darf Sie auf keinen Fall aus der Bahn werfen, im Gegenteil. Es ist Motivation pur, erst recht mit dem Thema weiter zu machen nach dem Motto „Andere Mütter haben auch noch hübsche Söhne oder Töchter."

Eine Strategie

Es kann auch sein, dass der andere eine bestimmte Strategie fährt. Nach dem Gedanken frei sind, können wir diese ergo auch nicht lesen. Wissen folglich nicht, was sich abspielt, ist ja weiters auch nicht schlimm, Sie haben doch genug zu tun.

Jetzt geben Sie ein paar Tage Ruhe

Wer Dampf und Druck macht, wirkt leicht unangenehm. Man könnte es schnell abstempeln als „Der oder die hat es wohl besonders nötig!" Schlimmstenfalls fällt sogar die Bezeichnung „Notgeil!" Dieses Verhalten gilt es zu vermeiden.

Finden Sie es furchtbar, mit Strategie zur Partnerschaft

Das kann leicht passieren, dass Sie alles lesen und der Meinung sind, was für eine komische Art, zu einem neuen Partner zu kommen. Das muss doch leichter gehen. Es gibt immer mehrere Wege nach Rom. Sie können es weiterhin bei dem Prinzip von „Versuch und Irrtum" belassen oder Sie gehen es höchst professionell an. Ohne Planung keine Chance, das ist alles.

Es gibt schlicht und einfach eine Erfolgsstrategie

Frage ist, ob Sie mit dieser arbeiten wollen. Sie können auch von Erfolgreichen lernen oder testen es selbst aus. Je besser Sie sich jedoch darauf vorbereiten, desto leichter ist es im Schlusseffekt in der Umsetzung. Die Strategie und der Weg dorthin sind aber die Grundvoraussetzung.

Die meisten Menschen sprechen lieber von Glück gehabt

Glück als etwas Undefinierbares, welches man hat oder nicht. Das ist leider zu wenig, um mit dieser Einstellung das große Glück zu finden. Das Prinzip Glück ist zu komplex und kommt bestimmt nicht aus heiterem Himmel, es will immer erarbeitet werden.

Das Zufallsprinzip ist das, was einem zufällt

Wie oft sprechen wir von Zufällen, das ist Blödsinn. Oder sind Sie rein zufällig an das Buch gelangt? Bestimmt nicht, Sie haben sich mit dem Thema bereits lange oder länger beschäftigt. Einen Partner übers Internet zu finden, da hatten Sie einen Fokus dafür, Ihr Augenmerk war darauf gerichtet, das ist der erste Part. Dann haben Sie irgendwo das Buch entdeckt oder davon gehört. Es ist Ihnen aufgefallen, obwohl es Millionen von Büchern auf dem Markt gibt. Danach haben Sie es gekauft, auch das ist kein Zufall. Ich würde mich nie nur auf das verlassen, was mir zufällt. Stellen Sie sich vor, Sie gehen rein zufällig in die nächste Partnerschaft. Wenn man die Menschen von gescheiterten Beziehungen fragt, wie sie zu der Partnerschaft kamen, hört man oft „Wir sind uns zufällig dort und dort begegnet!“

Packen Sie es an

Packen Sie es an und warten Sie bitte nie wieder auf den günstigen Moment. Mit einer klaren und professionellen Strategie geht es wesentlich besser und schneller. Sie gelangen zügiger zu wichtigen Ergebnissen. Gestalten Sie Ihr Leben! Im nächsten Kapitel schauen wir uns die Maßnahmen und die Erfolgsformel an.

Die Erfolgsformel lautet Z+P+T+K

Wer zum Erfolg kommen will, benötigt eine Erfolgsformel, das ist ein simples Spiel. Nur wenn bestimmte Dinge in der richtigen Reihenfolge passieren, gelangt man zum Erfolg. Wir alle haben unsere Erfolgsformeln, jeder Einzelne für sich, so oder so, mehr oder weniger. Die Erfolgreichen werden erfolgreicher und die anderen ärmer. Das Prinzip kennen Sie bestimmt. Frage ist, zu welchen Menschen möchte man gehören?

Zu welchen Menschen möchten Sie gehören

Erfolgreich oder erfolglos? Da höre ich meist „Ja, was für eine blöde Frage! Natürlich zu den Erfolgreichen." „Und was sind Sie bereit dafür zu tun?" „Alles" lautet die Antwort. „Wirklich alles?" Dann wird das Ganze heruntergefahren. Alles, wäre vielleicht ein wenig zu viel. Fazit der Geschichte ist meistens, man möchte Erfolg, dafür aber keine überdurchschnittliche Leistung erbringen.

Ohne überdurchschnittlichen Fleiß keinen Preis

Dies ist das Spiel, Sie werden nur das ernten, was Sie tatsächlich gesät haben. Das hat nichts mit Glück, Gerechtigkeit noch sonstigem zu tun. Es ist ausschließlich die Frage von Aussaat und Ernte. Da brauchen Sie sich nichts vorzumachen, alles andere ist Utopie.

Es ist alles nicht leicht

Welch ein Schwachsinn, das Gegenteil ist der Fall. Alles ist leicht, wir machen es leider zu kompliziert, da liegt das Problem. Weil wir es kompliziert sehen, fehlt uns oft die Motivation, uns auf den Weg zu machen. Die Dinge anzupacken, wie es sich gehört. Dadurch gibt es viele unerkannte Genies auf den Friedhöfen, die es zeitlebens verpasst haben anzufangen.

Schauen wir uns gemeinsam die Strategie an

Sie benötigen ein Ziel. Wenn man weiß, wohin die Reise gehen soll, kann man anfangen zu planen. Dann geht es an die Umsetzung und zum Schluss wird kontrolliert, dass die Fortschritte auch vorhanden sind. Eine spannende Aufgabe die Freude bereitet, wenn sie umgesetzt wird. Hier die Formel

- Z = Ziele
- P = Plan
- T = Tun
- K = Kontrolle

Die Ziele

Ziele sind etwas Wunderbares, da gilt es wieder anzufangen, zu träumen. Das ist wichtig, denn wenn ich träumen kann, bin ich auch imstande, die Dinge umzusetzen. Ziele müssen folgende Eigenschaften aufweisen, sie müssen

- Klar
- Konkret
- Messbar
- Unmissverständlich

sein. Ohne diese Eigenschaften wird alles zur reinen Farce. Klar, konkret, messbar und unmissverständlich. Das wiederhole ich erneut, oft und bewusst, denn es ist das Elementarste.

Der Plan

Wenn ich meine Ziele festgehalten habe, auf das Buch bezogen mit einer Partnerschaft, geht es an die Planung. Getreu dem Motto „Gut geplant ist halb gewonnen!“ Planen Sie, jedoch ohne Perfektionismus. In unseren Breitengraden tendieren wir dazu und das ist hinderlich.

Das Tun

Nach der Planung folgt das Tun. Tun, Tun und nochmals Tun. Wer das begriffen hat, kommt in eine andere Dynamik rein. Wer zu lange plant, wird bald von Zweifeln und den darauffolgenden Ängsten verfolgt.

Die Kontrolle

Diese wird oft vergessen, bei allem was Sie tun, ist es stets erforderlich, dass Sie exakt überprüfen, ob sich etwas tut. Dass Bewegung drin ist und ein Fortschritt erzielt werden kann, hier versagen die meisten Leute.

Fazit für Sie

Sie können alles erreichen, entscheidend ist, dass Sie tatsächlich anfangen. Nie mehr etwas auf irgendwann verschieben. Von der Idee sofort zur Tat, denn nur, wer aussät, wird auch ernten können. Sobald Sie eine Idee haben, schreiben Sie diese unverzüglich auf. Dann machen Sie einen Plan und los geht es. Wichtig ist, dass Sie sofort starten. Denn sonst passiert es Ihnen wie den meisten Menschen, wer nicht sofort loslegt, wird es in aller Regel nie tun. Die Statistik spricht von 98%.

Das ist mir zu aufwendig

Ich erlebe das oft beim Partnerschaftscoaching, nur da haben wir echt ein Problem. Sie wollen einen neuen Partner und sind nicht bereit, dafür einiges zu tun. Ich bin der Meinung, wenn wir etwas machen, dann bitte richtig und im höchsten Maße professionell.

Eine kurze Geschichte von drei Personen

Lassen Sie uns gemeinsam eine kleine Geschichte anschauen, welche sich Tag für Tag abspielt. Ich bin mir hundertprozentig sicher, dass Sie sich erkennen werden.

Person Nr. 1

Steht morgens sehr spät auf, lungert den ganzen Tag herum. Was ist diese Person abends? Richtig, müde und was wird sie tun, ins Bett gehen.

Person Nr. 2

Steht morgens auf, geht zur Arbeit, schafft den ganzen Tag. Was ist diese Person abends? Richtig, müde und was wird sie tun, ins Bett gehen.

Person Nr. 3

Steht morgens auf, gibt den ganzen Tag Vollgas. Was ist diese Person abends? Sehr glücklich und auch müde, was wird sie tun, ins Bett gehen.

Das spiegelt genau das Szenario, welches wir Tag für Tag erleben. Ich bin der Meinung, wenn ich aufstehe und arbeite, mache ich stets eine Meisterleistung, dass ich nachher stolz und glücklich auf mich sein kann. Dadurch bekomme ich viele Dinge bewegt und habe große Freude an meinem Leben.

Arbeiten Sie mit System

Die große Frage ist, denken Sie in Lösungen oder in Problemen? Wenn Sie in Problemen denken, werden Sie Probleme ernten. Wir bekommen nur das, was wir denken. Geistige Vorstellungskraft schafft Wirklichkeit. Wie sieht das System beim Internet aus?

1. Viele Leute anschreiben
2. Ein paar Mails hin und her
3. Telefonieren
4. Treffen

Viele Leute anschreiben

Jemand der in Problemen denkt, sagt hierzu, das ist doch Wahnsinn, ich soll jeden Tag eine Unmenge Leute anschreiben, dazu habe ich keine Zeit. Jemand der in Lösungen denkt, sagt okay, ich muss täglich viele Leute anschreiben, damit ich überhaupt eine gewisse Resonanz erhalte. Folglich kann ich unmöglich jeden individuell ansprechen.

Ein paar Mails hin und her

Auch jetzt wiederhole ich mich, das ist hilfreich für Sie, denn in der Wiederholung liegt bekanntlich die Kraft. Leider tendiert der Mensch dazu, eine Abkürzung nehmen zu wollen. Oder er glaubt, dass bei ihm alles anders ist.

Telefonieren

Ein paar Mal telefonieren, ist das nächste Thema. Jedoch bitte aufpassen, dass es nicht jahrelang dauert. Denn Sie binden sich dadurch unnötig.

Treffen

Man trifft sich und da sind einige Parameter zu beachten. Darauf kommen wir zu einem späteren Zeitpunkt zu sprechen.

Machen tun, machen tun und nochmals machen tun

Das ist die Ausgangsbasis allen Erfolges. Wenn Sie jedoch rum hampeln und auf Wunder warten, werden Sie diese erst nach Ihrem Ableben erleben. Die Welt ist voller wertvoller Menschen, lernen Sie viele kennen und erfreuen Sie sich daran. Es gibt wunderbare Begegnungen, einfach traumhaft und das sollten Sie ab sofort anfangen zu leben.

Sie sind noch nicht angemeldet, dann tun Sie es

Nicht dass es bei diesem Traum bleibt. Sie kennen bestimmt auch die arme Freundin oder den Freund, die/der schon ewig auf der Suche nach einem Partner ist und keinen findet. Passen Sie gut auf sich auf, dass Ihnen nicht das gleiche Schicksal zuteil wird. Diese Menschen sind sehr unglücklich, das muss nicht sein.

Schnelle Anschreiben

Wir haben schon einige Male von Strategien gesprochen. Sie richten sich immer nach dem Ziel. Um den für Sie idealen Partner zu finden, benötigen Sie eine Auswahl. So komisch sich das jetzt für den einen oder anderen anhören mag, Ihr Leben ist zu wertvoll, um sich mit jemanden einzulassen, um einige Jahre später feststellen zu dürfen, dass es nicht passt, dies halte ich für bedenklich. Dazu sind Sie doch schon zu lange auf dieser Erde, meinen Sie nicht auch? Wenn Sie so etwas als Teenager tun, kein Problem. Jedoch als Erwachsener, der womöglich schon eine Bauchlandung hinter sich hat, da würde ich genau hinschauen, außer Sie möchten nur etwas Spaß haben.

Das Gesetz der großen Zahl

Sie erinnern sich daran, Siebung und Auslese. Wir wissen nie, wo der andere steht, ob er Lust und Zeit hat. Eventuell vergeben ist, es gibt zig Möglichkeiten, da wir diese nicht kennen, auch keine Lust und Zeit haben zu warten, handeln wir also besser wie ein richtiger Vollprofi.

Setzen Sie eine Serienmail auf

In diesem Moment werden einige Leser sagen, ich hoffe Sie gehören nicht dazu, wie kann man nur so etwas tun. Hier gibt es Menschen, die suchen einen Partner und dann schreiben wir jedem das Gleiche. Wo ist das Problem? Wollen Sie für jeden eine extra Mail verfassen? Dann viel Spaß, dadurch werden Sie zu denen gehören, die frustriert sind.

Über eines sind wir uns einig, etliche sind nur so lange dabei, weil sie sich verpflichtet haben. Also, weil der Vertrag so und so lange läuft. Es gibt genug, welche die Nase gestrichen voll haben, frustriert sind, weil kein (schneller) Erfolg erzielt wurde, doch schuld sind diese in der Regel jedoch selbst. (Wenn Sie das Buch bis jetzt gelesen haben, wissen Sie auch weshalb). Das System per se ist genial, es ist nur die Frage, was man schlussendlich daraus macht. Deshalb mein Tipp für die Erstkontakte, setzen Sie ein paar nette Worte auf, kopieren das Ganze und los geht es. Sie können mindestens 5 – 10 Mal schneller arbeiten als bei Einzelschreiben.

Je mehr Sie anschreiben, desto mehr Erfolg haben Sie

Das ist genial, oder? Sie haben dadurch die Auswahl und diese sollten Sie nutzen, der Markt ist riesig. Wieso sich gleich mit dem Erstbesten zufriedengeben?

Machen Sie es Tag für Tag

Es gibt hierzu, dass schöne Sprichwort „Wer nicht jeden Tag sät – wird nicht jeden Tag ernten“ so simpel ist das Spiel. Sie dürfen keine Wunder erwarten, wenn Sie minimalistisch unterwegs sind. Das Thema ist sich stets im Maximalismus zu bewegen, nur dann werden Sie Erfolg aufweisen können.

Das nächste Telefonat

Lassen Sie unbedingt einige Tage verstreichen, bevor Sie erneut anrufen. Sie würden den anderen nur erschrecken und das sollten Sie vermeiden, es könnte schnell penetrant wirken. Wenn Sie dem anderen sympathisch sind, soll dieser sich ruhig ein paar Gedanken machen, wieso Sie nicht anrufen. Wenn dann Ihr Anruf kommt, ist die Freude umso größer.

Schön, dass du Zeit für mich hast

Bedanken Sie sich, dass der andere Zeit für Sie hat. Das hat etwas mit Höflichkeit zu tun. Nicht hingehen und alles als selbstverständlich anschauen. Das Wort „Danke“ fehlt den Menschen häufig in ihrem Sprachschatz.

Bekunden Sie Interesse am Leben des anderen

Das Schlimmste, was Sie tun können, ist drauflos zu quatschen. Es ist im höchsten Maße unhöflich. Fragen Sie den anderen locker in der Art wie „Was hast du die letzten Tage Schönes gemacht?“ In der Regel kommt ein Feedback und da können Sie nachhaken. Behalten Sie auch bei diesem Gespräch die Uhr im Auge, weniger ist mehr. Erzählen Sie ein paar Gegebenheiten, von dem was Sie gemacht haben und verabschieden sich in ungefähr mit „Bis die Tage, ich freue mich wieder von dir zu hören.“

Machen Sie keine punktgenauen Termine aus

Es darf nicht zum Krampf werden, das ist unangenehm und der andere fühlt sich womöglich genötigt. Ich weiß, das kann unter Umständen schwierig werden, tun Sie es dennoch. Das fällt auch leichter, wenn Sie mehrere Gespräche führen. Dadurch können Sie nicht den ganzen Abend, mit nur einer Person quatschen.

Ein paar Worte für die Moralapostel

Selbst im Glashaus sitzen und mit Steinen werfen. Quak, quak, quak wie die Enten oder Hühner immer am Schnattern oder Gackern. „So etwas tut man nicht, ist unfair. Man telefoniert nur mit einer Person!“ Da muss ich ernsthaft fragen, wo leben Sie? „Tja, so etwas kann nur ein Mann schreiben, eine Frau würde das nie tun!“ Lächerlich, das gibt es auf beiden Seiten. Im Übrigen, hallo, wo bewegen wir uns? Wir sind auf dem freien Markt? Sollte es dann etwas werden, schaut die Sache anders aus.

Vorsicht, sich mit solchem Blödsinn einzuengen

Kennen Sie den Spruch nicht „Darum prüfe, wer sich ewig bindet!“ Sie haben sicherlich bereits eine Beziehungskiste hinter sich. Sie dürften da um einige Erfahrungen reicher sein. Dann leben Sie das bitte auch, bevor Sie wieder irgendwo reinhüpfen, und checken Sie ab, was der Markt alles zu bieten hat. Erst im Vergleich erkennen Sie das, was wirklich wertvoll für Sie ist.

Was man nicht kennt, lehnt man schnell ab

Das ist das normale Gehabe, von wem wohl? Von Menschen, die in ihrem Leben nicht viel Erfolg haben. Hierzu gibt es eine passende Aussage „Wer immer nur das tut, - was er bisher getan hat, wird nur die gleichen Resultate erzielen!" Hüten Sie sich davor, in diese Falle zu laufen.

Seien Sie ruhig ein ungläubiger Thomas
Diese Einstellung zu besitzen, ist nicht tragisch. Frage ist jedoch, was man daraus macht. Auch ich zähle mich zu der Gattung und dennoch halte ich mir stets alles offen. Schaue nach, ob die neue Variante für mich infrage kommt, dadurch verpasse ich keine Chance in meinem Leben.

Werden Sie zum Querdenker
Das ist wichtig, den alten Pfad zu verlassen und neue Wege zu beschreiten. Je schneller man es begreift, desto leichter geht es einem, es wird zur Selbstverständlichkeit. Wie alles im Leben am Anfang schwer zu scheinen mag, im Laufe der Zeit relativiert sich das Ganze.

Erfolgreiche fangen da an, wo Erfolglose aufhören
Das schreckliche und einschränkende Wort „Geht nicht" gibt es bei den Erfolgreichen nicht. Es ist für alle Zeiten aus dem Vokabular gelöscht, dies erleichtert natürlich den Umgang mit sich selbst und vereinfacht vieles.

Wenn es so leicht wäre
Dann würden es alle tun, diese Aussage hört man oft von den Er-

folglosen. Das ist absoluter Schwachsinn, erstens geht es nicht um andere, sondern ausschließlich um Sie allein. Zweitens ist es in der Tat leicht, wenn man es tut. Das ist der Punkt, Sie müssen anfangen und es umsetzen, sonst bleibt es bei einer reinen Farce.

Für eine Partnerschaft darf einem nichts zu viel sein

Wenn man sich ernsthaft eine neue Partnerschaft wünscht, heißt es sich hundertprozentig da rein zu begeben. Sich darauf einzulassen, etwas zu investieren, und nicht zu warten, bis einem die berühmten, gebratenen Tauben in den Mund fliegen.

Investieren Sie nicht zu viel Gefühl

Halten Sie Ihre Gefühle am Anfang zurück, seien Sie nicht sofort Feuer und Flamme. Das beachten die meisten leider nicht und deswegen kann es leicht in den Wirren des Internets passieren, dass Sie sich dabei verlieren. Auf der Sehnsucht nach einer schönen Partnerschaft, ins Verderben rennen, das endet nur erneut in Problemen und Schwierigkeiten.

Gefühle kann man nicht steuern

Diese Aussage höre ich häufig und das ist unklug, wenn man solche Dinge von sich gibt. Erstens leben wir in einer absolut zivilisierten Welt, zweitens können wir uns nicht so ausleben, wie wir das manchmal gerne tun würden. Siehe als Beispiel, jemand ärgert Sie ohne Ende. Das sind die Randerscheinungen unserer Gesellschaft. Sie würden ihm gerne eine reinhauen, tun Sie es?

Zu denen, die das dann tun, gehören Sie hoffentlich nicht. Sie sollten nie Ihre Hemmschwelle überschreiten, auch bei den positiven Gefühlen erst einmal vorsichtig sein. Oft blüht, glüht man schnell auf, doch ebenso schnell verglüht das Gefühl, kühlt ab, stellt sich als Strohfeuer heraus – und deshalb bitte Vorsicht.

Bleiben Sie cool

Sie spüren genau, was in Ihnen vorgeht. Also halten Sie sich bitte zurück. Denn es ist nicht gut, wenn Sie Ihren Gefühlen freien Lauf lassen. Sonst schlägt es schnell ins Gegenteil um. Das ist der Moment, wo viele Leute sagen

„Ach, es gibt keine gescheiten Männer oder Frauen!“

Manch einer zieht sich sogar aus dem Geschehen zurück. Das wäre wirklich schade. Natürlich gibt es immer mal Schwierigkeiten, das gehört einfach dazu. Und die überschreiten Sie, denn genau das „Weitermachen“ unterscheidet die Gewinner von den Verlierern, die bei Hürden aufgeben.

Leben Sie Ihr Leben

Das möchte ich Ihnen ans Herz legen. Verfolgen Sie Ihr Leben und setzen Sie Ihre wichtigsten Parameter, vernachlässigen Sie dabei nichts. Je stärker Sie sich verankern, desto besser geht es Ihnen. Die Wahrscheinlichkeit, dass Sie rausfliegen ist geringer. Partnerschaft ja, aber bitte nicht um jeden Preis und als absolute Hauptbeschäftigung. Denn dann ist der Absturz erneut vorprogrammiert, das wollen wir doch niemals mehr.

Weitere Telefonate

Sie sind mitten im Geschehen. Manch einer wird Sie womöglich zu einem schnellen Treffen drängen wollen. Nach dem Prinzip „Anhauen, umhauen, abhauen!“ Auf dieses Spiel sollten Sie sich nicht einlassen, wenn Sie eine ernsthafte Partnerschaft anstreben. Ansonsten ist es natürlich eine andere Geschichte.

Reden und fragen Sie

Die Telefonate dienen dazu, sich langsam aber sicher näher zu kommen. Mehr von dem anderen zu erfahren, sich auszutauschen und sich dadurch ein Bild zu machen. Da können Sie in sich reinhören, wie sich die Geschichte anfühlt. Denn das eine oder andere Gespräch wird unangenehm werden oder Ihnen nichts bringen. Dann beenden Sie es auf höfliche Art und Weise. Konzentrieren Sie sich auf die Leute, die Ihnen Spaß und Freude bereiten.

Es gibt die verschiedensten Formen

Da heißt es für Sie, locker dran zu gehen. Haben Sie keine Erwartungen, denn wer keine hat, kann nicht enttäuscht werden, das ist das Entscheidende. Schauen wir uns diese einzelnen Gespräche nachfolgend an

- Es wird nur gequatscht
- Unverbindlich
- Langweilig
- Sehr nett

Da gibt es natürlich ein paar Abweichungen. Es würde jedoch den Rahmen des Buches sprengen. Das sind so die wesentlichen Parameter, mit denen man es zu tun hat.

Es wird nur gequatscht

Wie unangenehm, Dauerplapperer am Hörer zu haben. Wie kann man nur so viel quatschen. Du fragst, wie es geht und ein Wasserfall sprudelt. Dauerplapperer quatschen vor allem meist belangloses Zeug ohne Ende, vergessen völlig, den anderen zu fragen, wie es ihm überhaupt geht. Ich finde solche Menschen oberflächlich und frech. Klemmen Sie diese am besten ab. Ich bin der Meinung, mit solch einem „Dampfplauderer“ gibt es keinen Sinn.

Da kommt nicht viel Intelligentes dabei heraus. Angefangen von dem, was in der (Bild-)Zeitung steht, oder ewig über das Windeln wechseln, weil der Kleine in die Hosen gemacht hat, bis hin zum Fernseh- oder Dschungelgeschehen, zu dem blöden Chef oder den dummen Kolleginnen und Kollegen. Sollten Sie solch eine Kommunikationsform mögen, dann bleiben Sie dran, seien Sie sich aber bewusst, wie kostbar die Lebenszeit ist.

Unverbindlich

Sie rufen an, freuen sich den anderen zu hören. Das letzte Mal haben Sie in Erinnerung, war es ganz nett und jetzt ist Ihr Gegenüber völlig unverbindlich. Nach dem Motto „Hallo, du hast mich eben gestört!“ Es gibt leider etliche launische Kandidaten. Stellen Sie sich vor, es entwickelt sich eine Beziehung, möchten Sie mit solch einem Muffelkopf leben? Ich keine einzige Sekunde, ich mag launische Menschen nicht.

Langweilig

Das ist die nächste Gruppe, die Langweiligen. Wie ätzend, denen kannst du buchstäblich jeden Wurm aus der Nase ziehen. Die antworten meist mit „Ja oder Nein.“ Was willst du mit den Typen anfangen? Wenn du eine Quasselstrippe bist, mag es dir vielleicht recht sein, dass der andere seine Klappe hält. Das kann sicherlich nicht Sinn der Sache sein? Aber Balance schaut etwas anders aus, meinst du nicht auch?

Sehr nett

Zum guten Glück gibt es diese Gruppe. Das sind die angenehmen Zeitgenossen. Mit denen kann man sich auf einem schönen Level unterhalten. Es ist ein reger Austausch und da kommt Freude auf. Man hat ein gemeinsames Gespräch und es tut gut, sich derart unterhalten zu können.

Wer die Wahl hat – hat womöglich die Qual

Nun denn, das ist kein Problem. Sie haben viele Menschen angesprochen und dadurch ist auch eine gewisse Auswahl vorhanden. Was nicht passt, fliegt aus dem Register. Also, warum komplizierter gestalten, wie es ist. Verlassen Sie sich nicht auf die berühmte „Ein-Mann/Eine-Frau-Strategie" sonst wird es eng, um nicht zu sagen problematisch, weil Sie sonst nur die Auswahl zwischen Kompromiss oder Nichts haben.

Klammern Sie nicht

Wenn Sie damit anfangen, haben Sie verloren. Egal ob sympathisch oder Kompromiss, wenn Sie aus Angst, allein dazustehen, anfangen zu klammern, haben Sie verloren. Dabei ist die Vielfalt riesig, dass Sie niemals wieder Kompromisse eingehen müssen. Was nicht passt, wird ausgewechselt, und zwar zügig. Jede Minute Ihres kostbaren Lebens dafür zu verschenken, ist eine Katastrophe. Auch sympathische Kandidaten vergraulen Sie mit „Klammern."

Seien Sie sich im Klaren darüber, wenn es gegenseitige Sympathie ist, es passt, dann ist kein Klammern nötig. Sie sind ein erwachsener Mensch, der auf Augenhöhe mit einem anderen Erwachsenen kommuniziert. Und da wir in unserem Leben bereits einige Erfahrungen gemacht haben, brauchen wir auch den Freiraum, frei entscheiden (und sich auch mal zurückziehen) zu können.

Behalten Sie Ihre Nerven

Das Schlimmste, was Ihnen passieren kann, dass Sie die Nerven verlieren. Bleiben Sie absolut souverän, behalten Sie die Kontrolle nach dem Motto von „Komme, was da wolle!“ Dranbleiben und nochmals dranbleiben, sonst wird es nichts. Ein großes Durchhaltevermögen an den Tag legen. Mir sind viele Menschen begegnet, die zu früh aufgegeben haben. Das Thema ist doch klar „Wer aufgibt, hat im Vorfeld verloren!“

Es gibt super Tage

Ich vergleiche dieses Spiel mit einer Achterbahnfahrt. Mal bist du ganz oben, fühlst dich supergut, dann wieder rasend schnell unten, ein ewiger Wechsel. Deshalb ein Wechselbad der Gefühle. Du freust dich, weil du denkst, endlich hast du jemanden Nettes an der berühmten Angel. Ruhst dich auf deinen Lorbeeren aus. Es geht dir gut, es kommt zu einer vermehrten Ausschüttung von Endorphinen. Alles fällt leicht, ein Glücksgefühl durchströmt dich, du schwebst auf „Wolke sieben.“

Die schlechten Tage überwiegen

Das ist die andere Seite der Medaille. Wo viel Licht ist, ist auch viel Schatten. Die Schatten sind in der Regel immer größer und dauern um einiges länger, zumindest fühlt es sich so an, wenn man gerade „unten“ ist. Es gibt Tage, da sind Sie am Verzweifeln. Sie waren glücklich, endlich einen lieben und netten Menschen getroffen zu haben. Dann hat sich das Ganze als reine Seifenblase aufgelöst. Da stehen Sie wieder da und sollten sich aufraffen. Auch wenn Sie keine Lust haben, das Leben geht weiter und hat für Sie noch wunderschöne Momente bereit. Sie haben doch ein Ziel vor Augen. Das heißt, unter allen Umständen alles daran zu setzen, um genau da hinzukommen.

Ihre Zielstrebigkeit

Sie müssen den brennenden Wunsch verspüren, eine gute Partnerschaft führen zu können. Nicht ein wenig halbschwanger durch die Welt zu wandeln. Denn das bringt gar nichts, nach dem Prinzip von „Schauen wir halt mal!" Das ist keine gute Ausgangsbasis. Genauso wenig wie das Motto von probieren.

Schauen wir halt mal oder probieren es mal

Entweder wünschen Sie sich einen Partner und Sie werden alles daransetzen, um diesen zu bekommen. Wenn Sie es jedoch nur ein wenig probieren, sei Ihnen eines gewiss, es wird nicht funktionieren. Schade auf der einen Seite, für den gesamten Aufwand und auf der anderen, holen Sie sich unnötig Frust rein.

Die meisten geben auf

Das finde ich schade, da heißt es ganz lapidar „Ich verabschiede mich von dieser Plattform, scheint wohl nicht mein Ding zu sein!" Was soll das bitte? Da kommen Sie doch gerade her, und weil es dort nicht funktioniert, haben Sie diesen Weg ausgewählt. Weil Sie im Moment schwach unterwegs sind, wollen Sie verschwinden? Ab und zurück in der Hoffnung, dass im normalen Leben alles besser ist, anstatt dranzubleiben, bis der Erfolg kommt. Sehen Sie es so, der Bauer sät, dann muss er „aktiv warten" das heißt, sich damit beschäftigen und dennoch Geduld haben. Nur beides „Gemeinsam„ führt zum gewünschten Erfolg.

Was angefangen wird, zieht man auch durch

Das ist die uralte Devise des Erfolges. Wer konsequent dranbleibt, hat die Chance, es zum Erfolg zu führen. Niemals der Verzweiflung nachgehen, dann dürfen Sie sich zu den berühmten Verlierern zählen, wollen Sie das?

Sie sind doch ein Gewinner

Was für eine Frage, finden Sie nicht auch? Natürlich sind Sie ein Gewinner, was denn sonst? Nun denn, was macht ein Gewinner? Er gibt niemals auf, das kann nicht genug betont werden, sollten Sie tief in Ihrem Herzen mitnehmen. Sie haben in Ihrem Leben manche Schlacht geschlagen. Erinnern Sie sich noch, damals an die heftige Phase des Laufen Lernens?

Wie lange hat es gedauert, bis es funktioniert hat? Das war doch der pure Wahnsinn, oder? Tausende und Tausende von Male den Boden geküsst und haben Sie aufgegeben? Niemals, Sie hatten keinen einzigen Gedanken daran verschwendet. Weiteres Beispiel, wie lange sind Sie in die Schule gegangen? Doch mindestens neun lange Jahre. Ich könnte noch viele weitere Beispiele aufzählen.

Sie wollen einen Partner

Das ist großartig, folglich ziehen wir es durch, ohne „Wenn und Aber." Es gibt nur ein Ziel, das ist vorne, weit vorne in einer wunderbaren und glücklich machenden Beziehung zu leben. Das ist Ihr Traum, Ihre Vision und exakt daran arbeiten Sie Tag für Tag. Darum ist es wichtig, dass Sie sich jeden Tag mindestens eine halbe Stunde Zeit nehmen und sich einloggen. Schreiben Sie jede Menge Leute an und beantworten Sie die Feedbacks. Wenn Sie das lange genug machen, wird der Erfolg auf Sie zukommen, das können Sie nicht verhindern.

Wer viel sät, wird viel ernten

Das ist ein uraltes Prinzip und hat seit Jahrtausenden seine Gültigkeit. Von nichts kommt nichts, das ist die Kehrseite der Medaille. Viele Menschen sind totale Minimalisten und enttäuscht, wenn das Glück nicht in Erscheinung tritt. Dabei haben Sie es sich selbst zuzuschreiben, ohne Engagement und Fleiß gibt es nun mal keinen Preis.

Legen Sie unverzüglich los

Bitte nicht lesen, und sagen „Ja, das stimmt, ist interessant. Ich müsste taffer unterwegs sein" das bringt Ihnen nichts. Sie werden nur Erfolg haben, wenn Sie es absolut konsequent umsetzen, dies ist die einzige Chance. Fangen Sie jetzt in diesem Moment an. Legen Sie bitte das Buch auf die Seite, starten Ihren Rechner und los geht es mit den Eingaben. Arbeiten Sie intensiv eine halbe Stunde, Sie werden sich sofort besser fühlen. Morgen machen Sie das Gleiche, Tag für Tag, wenn es sein muss, 365 Tage im Jahr. Solange bis Sie in einer wunderbaren Partnerschaft sind.

Wer aufhört zu träumen, hört auf zu leben

Dies erkennen zu müssen, ist eine schreckliche Bilanz. Aus diesem Grunde achten Sie darauf, dass Sie nie in dieses Fahrwasser hineingeraten. Denn ohne Träume zu leben, ein großer Realist zu sein, ist grausam. Träume sind die Botenstoffe, welche uns wachhalten und uns den Esprit geben, weiter zu machen und niemals aufzuhören.

Fangen Sie an zu träumen

Von einem Traum zum anderen, als Heranwachsender wurde es weniger und so hat sich das immer stärker reduziert, bis kaum etwas übriggeblieben ist. Das ist insofern fatal, denn ohne Träume erreicht das Leben eine unangenehme Qualität. Da wo keine Träume sind, ist auch das Glück in der Regel nicht mehr Zuhause.

Ich kann doch nicht nur träumen

Diese Aussage kommt mir öfters zu Ohren. Natürlich können Sie träumen und Sie sollten es auch tun. Was sicherlich nicht gemeint ist, nur noch zu träumen und dann nichts zu tun. Wenn Sie sich in diesem Bereich bewegen, ist es das andere Extrem. Von nichts kommt nichts, aber in Verbindung mit Träumen geht es besser.

Ihre Träume?	**Wieso noch nicht verwirklicht?**
1.) ______________	________________________________
2.) ______________	________________________________
3.) ______________	________________________________

4.) ________________ ____

5.) ________________ ____

6.) ________________ ____

7.) ________________ ____

8.) ________________ ____

9.) ________________ ____

10.) _______________ ____

Wenn Sie Ihre Träume anschauen, wie fühlt sich das an, wie geht es Ihnen? Wie gehen Sie damit um? Was hat Sie gehindert, diese zu verwirklichen? Es ist wichtig, dass man den Ursachen auf den Grund geht. Niemals darf man das auf sich beruhen lassen, sonst gibt es noch größere Probleme, und diese gilt es unbedingt zu vermeiden. Nachfolgend reduzieren Sie das Ganze auf Ihre drei größten Hinderungsbereiche.

Ihre Träume? **Wieso noch nicht verwirklicht?**

1.) ________________ ____

2.) ________________ ____

3.) ________________ ____

In der Reduktion auf das Wesentliche, liegt Kraft und Power. Je mehr wir die Dinge reduzieren, desto klarer werden sie und wir können leichter damit umgehen. Wie fühlt es sich für Sie an? Wie gehen Sie damit um? Fühlen Sie sich darin bestärkt, dass alles seine Richtigkeit hatte, oder hätten Sie es lieber anders gesehen? Solche Aufzählungen bringen natürlich wenig, wenn man danach in die Jammerei reinkommt. Sinn der Aufgabe ist, die Dinge beim Namen zu nennen und dann in die Veränderung zu gehen. Jetzt reduzieren Sie es auf Ihren größten Part.

Ihre Träume? **Wieso noch nicht verwirklicht?**

1.) ________________ ______________________________________

Sie haben Ihren größten Hinderungsgrund gefunden. Wie fühlt sich das an? Wie gehen Sie ab sofort damit um? Nehmen Sie es nur zur Kenntnis oder arbeiten Sie daran? Letzteres ist wesentlich sinnvoller. Denn ohne schnelle Umsetzung wird es leider nichts, das ist schade für den Aufwand, den Sie bisher betrieben haben.

Ihr Fazit: ____

Anderen Menschen die Schuld geben

Diese Nummer wird gerne gespielt und ist die dümmste, welche man spielen kann. „Wer anderen die Schuld gibt – gibt ihnen die Macht über sein Leben!“ Das ist grausam, sollten Sie nie zulassen. Wenn Sie es weiterhin tun, zeigen Sie klar Ihre eigene Ohnmächtigkeit, und dieses Versagensgefühl gilt es auf alle Fälle zu vermeiden.

Wer ist schuld

Wenn ich dies die Menschen auf meinen Schulungen, Seminaren und beim Coaching frage, wird unverzüglich losgeschossen. Eine riesige Palette an Menschen kommt, ohne groß nachzudenken, sofort zum Tragen.

- Meine Eltern
- Meine Lehrer
- Mein Chef
- Meine Mitarbeiter
- Mein Partner
- Meine Freunde
- Meine Kollegen
- Meine Nachbarn
- Die Gesellschaft
- Der Staat
- Die Zeit

Das sind nur einige, es gibt natürlich noch weitaus mehr. Das ist schade, wenn man das tut, ist auch völlig unnötig. Denn die anderen wissen erstens nichts davon, außer Sie sagen es ihnen. Zweitens wird es die meisten überhaupt nicht interessieren. Also, was soll das? Sie schaden sich dadurch am meisten. Finden Sie nicht auch? Lassen Sie uns im Schnelldurchgang die einzelnen Positionen anschauen.

Meine Eltern

Tja, für was die Eltern alles herhalten müssen, ist erstaunlich, um nicht zu sagen tragisch. Seien Sie doch dankbar, dass Ihnen Ihre Eltern das Leben geschenkt haben. Für all die anderen Dinge, welche sie hätten anders machen können, sie haben es nicht getan. Also was soll es, noch lange darüber zu hadern? Das bringt nichts, im Gegenteil, es macht Ihre Gegenwart kaputt. Die Geschichte mit Ihren Eltern ist lange zurückliegend.

Meine Lehrer

Nun denn, da gab es ein paar sehr Gute, aber auch die anderen. Was soll es, nach der Schulzeit darüber zu lamentieren, wie gut oder schlecht die Lehrer waren, ob und wie es Ihnen geschadet hat. Schulzeit ist eine Zeit, in der Sie viele Inputs aufnehmen können. Klar kann ich sagen, wenn ich mir das alles aus meiner heutigen Sicht anschaue, hätte man in der Tat einige austauschen sollen. Denn vieles hat nichts gebracht, es ist aus und vorbei und heute bin ich erwachsen. Kann mich nach meinem Gusto fort- und weiterbilden, das ist doch genial.

Mein Chef

Viele Menschen schimpfen permanent über ihren Chef. Wenn sie dies tun, zeigen sie die eigene Unfähigkeit. Wieso arbeiten Sie unter diesem Menschen, das kann ich nicht verstehen. Meinen Sie, das ist klug? Bestimmt nicht, wenn mich ein Chef quält, gehe ich. Außer ich erhalte so viel Schmerzensgeld (Lohn), dass es ausgeglichen ist. Dann wäre es „ein Deal" das ist eine andere Nummer, in der Regel ist dies nicht der Fall. Folglich akzeptieren, ändern oder verlassen, das sind Ihre Wahlmöglichkeiten. Jammern und Lamentieren macht keinen Sinn, das verschlimmert die Situation.

Meine Mitarbeiter

Oh je, oh je viele Chefs schimpfen über ihre Mitarbeiter. Was diese alles nicht tun und wie schlecht sie sind. Es überhaupt solch blöde Menschen auf dieser Erde gibt. Nun denn, diesen Chefs kann ich nur empfehlen, einmal in den Spiegel zu schauen. Wissen Sie, was Sie da sehen? Den allergrößten der Größten! Was auch immer, das überlasse ich Ihnen. Wenn ich in meiner Firma so viele Unfähige beschäftigt habe, entlasse ich diese. Ich ärgere mich nicht jeden Tag aufs Neue. Außer natürlich, wenn ich masochistisch veranlagt bin, ist es eine andere Ausgangsbasis. Ansonsten, keine einzige Sekunde länger. Hier gilt nicht die Geschichte von wegen

„Es gibt keine guten Leute!"

Alles nur Blödsinn, man muss suchen und dann findet man gute, fähige Mitdenker. Denken Sie mal darüber nach, Ihre Mitarbeiter spiegeln auch Sie und das Unternehmen, umso wichtiger, nicht zu jammern, sondern zu handeln.

Mein Partner

Die armen Partner, für was die alles herhalten müssen. Ich liebe es, wenn derart über den Partner gehetzt wird. Wissen Sie überhaupt, was Sie sich für eine Blöße geben? Vor allem Frauen sind wahre Künstler darin. Männer jammern weniger, sie ziehen sich einfach zurück, schalten ab und suchen sich Alternativen. Das Jammern und sich lautstark über den Partner beschweren, bringt aber nichts. Es ist sogar ansteckend. Schnell sind dann alle Männer über einen Kamm geschert, doch ändern tut sich nichts. Da sollte man sich lieber fragen, wieso habe ich mich überhaupt auf solch einen Menschen eingelassen, ihn eventuell geheiratet? Wie lange soll das üble Spiel noch weiter gehen? Auch hier gilt „akzeptieren" ändern oder ab durch die Mitte.

Meine Freunde

Ich staune wirklich, wie oft über Freunde gejammert oder abgelästert wird. Wenn Ihre Freunde doof sind, wieso sind Sie mit diesen noch zusammen? Auf die Frage höre ich häufig „Ja, wissen sie, so schlimm ist es auch nicht!“ Dann halte ich lieber die Klappe und beschäftige mich mit Wesentlicherem. Das ist sinnvoller im Leben, etwas zu bewegen als ewig rum zu schnarcheln. Wenn mir Freunde nicht mehr passen, baue ich mir einen neuen Freundeskreis auf. Es gibt viele Menschen auf dieser Erde, da werde ich ein paar nette und interessante Menschen finden, mit denen ein guter Austausch möglich ist, man sich in der Tat gegenseitig bereichert.

Meine Kollegen

Die lieben Kollegen, wenn ich lauter unmögliche habe, mache ich mich auf den Weg. Da habe ich womöglich den falschen Beruf gewählt oder die unpassende Arbeitsstätte. Das ist weiters nicht tragisch, wenn man dies erkennt. Wichtiger ist jedoch, was man daraus macht.

Meine Nachbarn

Meine Nachbarn sind alle blöd, das ist doch eine super Ausgangsbasis. Wer hat sich diese Nachbarn ausgesucht? Was ist zu tun? Sicherlich sich nicht ein gesamtes Leben lang zu ärgern oder womöglich vor Gericht zu ziehen. Hauen und Stechen ist das Hobby von etlichen Menschen. Wie kann man derart durchs Leben gehen? Das ist verrückt und abgedreht.

Die Gesellschaft

Das berühmte, kollektive Jammern nimmt stärker zu. Tja, wenn mir die Gesellschaft nicht gefällt, heißt es klar mit Sack und Pack auszuwandern, das ist doch wesentlich sinnvoller, als permanent zu klagen.

Der Staat

Der Staat ist schuld? Ich bin der Meinung, wir können froh sein, in solch einem Staat, mit diesen Annehmlichkeiten zu leben. Natürlich gibt es manches, was anders sein könnte. Wenn es so schrecklich ist, dass es mich beschäftigt, sei die Frage erlaubt, wieso machen Sie es mit? Wie lange wollen Sie es noch tun? Die Welt ist groß, suchen Sie sich einen Ort aus, an dem alles besser ist.

Die Zeit
Die Älteren von uns jammern oft herum, früher war alles besser, die heutige Zeitqualität ist nicht gut. Was soll denn der Nonsens? Was war früher besser? Schauen Sie einmal genau hin? Jede Zeitepoche hat ihre guten und schlechten Zeiten und da wo viel Licht ist, ist bekanntlich auch viel Schatten, das ist eine normale Situation. An der Zeit können Sie nichts ändern, außer Sie wandern in ein Land, in dem die Uhren anders ticken.

Egal wie, egal wo, bei wem, weshalb und warum Sie jammern, es ist eine reine Zeit- und Energieverschwendung. Wer anderen die „Schuld“ für seine Situation gibt, gibt ihnen Macht. Übernehmen Sie die Verantwortung für Ihr Leben, denn es ist Ihr Leben.

Der hat gut reden

„Sie haben halt gut reden." So einfach ist das und wissen Sie was? Ja, es stimmt, ich habe gut reden und wissen Sie wieso? Weil ich Tag für Tag, Woche für Woche, Monat für Monat an mir arbeite. Wenn mir etwas nicht gefällt, suche ich so lange danach, bis ich die Lösung gefunden habe. Danach geht es mir supergut und am nächsten Tag geht es wieder von vorne los. Die berühmte „Never Ending Story."

Ich achte auf mein Leben

Nicht warten, jammern, lamentieren, das ist verlorene Zeit. Arbeiten Sie an sich und Ihrem Fort- und Weiterkommen. Sie haben alles in sich, was es dazu benötigt. Auch wenn wir uns wiederholen, das Ganze ist aber zu wichtig, um es nicht zu beachten. Viel zu wollen ist klasse, sehr viel zu wollen, ist noch weitaus besser.

Vorbei mit der Eifersucht auf andere

Wie heißt es treffend, tendenziell sind die Wiesen der anderen sowieso immer grüner. Welch ein Blödsinn, geschenkt wird keinem etwas. Wir müssen wirklich konsequent dabeibleiben und alles daransetzen, dass wir endlich das Leben leben, welches uns vorschwebt. Das lohnt sich und es kommt zur großen und wunderbaren Erfüllung.

Ihre neue Partnerschaft ist greifbar

Bei den Schwierigkeiten, die eventuell auftreten können, Ihre neue Partnerschaft ist nur einen kleinen Steinwurf entfernt. Machen Sie sich Tag für Tag auf den Weg und eines sei Ihnen gewiss, welch ein wunderbares Gefühl, eine edle, aufbauende Partnerschaft zu haben. Es gibt in der Tat nichts Schöneres, als einen liebevollen Partner, aber es bedingt, dass Sie sich auf den Weg machen und zügig dranbleiben.

Alles, was schwer ist, wird einfach

Das ist der normale und übliche Ablauf, am Anfang komplex und mit der Zeit immer leichter zu Händeln, es wird zur Selbstverständlichkeit. Wie schön, wenn man sich auf den Weg gemacht hat, Ihnen die Leute eines Tages sagen

„Ja, du hast es halt gut!"

Dann, ja dann haben Sie es wirklich und tatsächlich gepackt. Bis dahin ist es noch ein großes Stück des Weges. Wie immer, fängt die längste Reise mit dem ersten Schritt an oder die erste Million mit dem ersten Cent.

Ihr unendliches Durchhaltevermögen

Diese Einstellung, erst dann aufzuhören, wenn man alles erreicht hat, ist die richtige Ausgangsbasis. Alles andere ist leider eine Farce und sofort zu vernachlässigen. Ohne eisernes Durchhaltevermögen werden Sie es nicht schaffen. Über das Thema Durchhaltevermögen habe ich extra ein Buch geschrieben.

Was heißt Durchhaltevermögen

Deutsch ist eine wundervolle Sprache und beinhaltet die Lösungen. Schauen wir es uns gemeinsam an

Durch - halte - vermögen

Sie müssen da durchgehen, es aushalten und dann kommen Sie zu Vermögen. Die meisten Menschen hätten es jedoch lieber anders herum, zuerst Vermögen und dann den Einsatz.

Da durchgehen

Ja, das ist für die meisten zu anstrengend, darauf haben diese keine Lust. Das ist fatal, denn wenn Sie etwas in Ihrem Leben erreichen wollen, ist dies absolut unabdingbar. Sie hätten gerne einen neuen Partner, dann müssen Sie viele anschreiben und das ganze Prozedere auf sich nehmen, sonst haut es definitiv nicht hin.

Sie müssen es halten und sogar aushalten

Halten müssen Sie Ihr festes Ziel vor Augen, endlich eine Partnerschaft Ihr Eigen nennen zu können. Dann müssen Sie es definitiv aushalten, denn Sie werden manchen Korb erhalten. Dies müssen Sie verkraften können und weiter machen, das dürfen Sie nicht persönlich nehmen. Nicht gleich beim ersten Korb, den Kopf in den Sand stecken, dann würden Ihre Zähne knirschen. Denken Sie daran, je mehr Körbe Sie auf dem Weg zu einer Partnerschaft erhalten, desto näher kommen Sie an Ihr Ziel.

Wie viele Körbe werden es sein

Das weiß zum guten Glück kein Mensch auf dieser Erde. Wenn Sie es wirklich super treffen, werden Sie keinen Einzigen erhalten. Dies ist jedoch eher unwahrscheinlich. Vielleicht bekommen Sie zwei Körbe, vielleicht auch fünf. Womöglich zehn, eventuell sogar 100, oder vielleicht 1.000. Wenn es noch wilder wird, sogar 10.000 Körbe. Merken Sie was, jetzt wird es Ihnen ganz bange. Beim Gedanken an 10.000 Körbe wird es Ihnen komisch, wo ist das Problem? Wollen Sie eine Partnerschaft oder keine?

Hoffentlich werden es nicht unzählige Körbe

Nun denn, mit Hoffen wäre ich vorsichtig, denn Hoffen ist alles andere als gut, das sollten Sie sich schenken. Denn von der Hoffnung bis zur Enttäuschung, ist ein kurzer Weg. Ich würde nie mit Hoffen an die Arbeit gehen. Das „Hoffen" ist schwammig, es birgt die Möglichkeit des Misserfolges so nah bei sich. Nehmen Sie sich Ihr Ziel fest vor und bleiben Sie so lange dran, bis es geklappt hat. Wir Menschen tendieren leider dazu, alles sofort und über Nacht haben zu wollen, das funktioniert aber nicht. Vergessen Sie es, alles braucht seine Zeit und ohne Störungen, Rückschläge, oder wie wir es in diesem Falle nennen, Körbe, funktioniert das Spiel nicht. Das muss Ihnen klar sein.

Vermögen gibt es erst zum Schluss

Nehmen wir nochmals unseren Landwirt. Er würde am liebsten täglich ernten, denn das bringt ihm Geld. Das wäre doch klasse, aber kein Landwirt ist so dumm und würde darauf hoffen, dass der liebe Herrgott oder der Boden Früchte bringen wird. Er weiß eines, ohne Aussaat keine Ernte. Weil das die berühmten unumstößlichen Gesetze sind, wird er niemals etwas anderes tun. Zuerst folgt die Aussaat und dann die Ernte. Dazwischen benötigt es sehr viel Geduld, Pflege, um an das Ziel zu gelangen.

Verändern Sie nicht diese Naturgesetze

Versuchen Sie nicht, solche Naturgesetze zu verändern, Sie werden verlieren, der Frust sei Ihnen gewiss. Folglich wäre man ein riesiger Narr, dies umstoßen zu wollen. Es gibt bestimmte Dinge, die sind zu tun, ob sie uns Spaß machen oder nicht, das ist nicht die Frage. Wer ein Ziel hat, macht sich auf den Weg, ohne nach rechts und links zu schauen.

Ihr Selbstbewusstsein wächst und wächst

Die meisten Menschen haben ein zu geringes Selbstbewusstsein. Dies merkt natürlich auch das Umfeld. Das ist schade, denn mit einem starken Selbs-Bewusst-Sein geht man wesentlich leichter durch die Welt. Man hat mehr Lebensfreude, da gilt es, daran zu arbeiten. Eine Hilfe diesbezüglich ist das Durchhaltevermögen. Es ist auch so eine Art Gradmesser, daran lässt sich gut erkennen, wo man steht.

Was bedeutet Selbstbewusstsein

Ich bin mir bewusst, über mein Sein und bin dankbar darüber. Keine leichte Geschichte, denn es gab fast in jedem Leben eines Menschen, genügend Indikatoren, um das ursprünglich vorhandene oder wachsende Selbstbewusstsein kleinzuhalten, schlimmstenfalls sogar zunichte zu machen. Leider haben Machtmenschen ein großes Interesse, andere bewusst klein zu halten. Dann sind sie leichter zu führen und zu Händeln, als Spielball zu nutzen, das ist zwar nicht die feine englische Art, doch leider Realität. Umso wichtiger für Sie, sich Ihrer Stärken, Ihrer Selbst bewusst zu sein.

Selbstbewusstsein = gestärktes Rückgrat

Als kleines Kind waren wir vollends auf die Erwachsenen angewiesen. Wollten ihnen gefallen, Aufmerksamkeit erwecken. Dies ging nur, indem wir das getan haben, was diese für richtig hielten. Wehe wir haben uns außerhalb deren Normbereich aufgehalten. In der Regel haben wir es sofort zu spüren bekommen. Eine der Aussagen hierzu ist sicherlich „Wenn du nicht lieb bist – hat dich Mama auch nicht mehr lieb.“ So etwas setzt sich tief im Unterbewusstsein fest.

In der Kindheit fängt es buchstäblich an

Eine aufgestellte und positive Kindheit, ist die beste Ausgangsbasis, um richtig im Leben voranzukommen. Das Problem ist aber, dass ein junger Mensch bis zum 18. Lebensjahr mehr Negationen gehört hat, als Positives. Natürlich bestätigen Ausnahmen die Regel, doch nicht jeder schafft es, beladen mit so viel Negativem, unbelastet ins Leben hinaus und seinen Weg zu gehen.

Die ersten Partnerschaften

Wenn es gut geht, hat man eine Partnerschaft, die erbauend und inspirierend ist. Dies ist natürlich das Optimalste, was man erreichen kann. Wenn nicht und das ist häufig der Fall, schädigt es das Selbstbewusstsein. Das ist nicht gut, und wenn man kein Ende einleitet, geht die Geschichte bis ans Lebensende weiter.

Arbeiten Sie an sich

Ja, arbeiten Sie Tag für Tag an Ihrem Fort- und Weiterkommen. Je mehr Leute Sie anschreiben, desto fitter werden Sie. Lassen Sie sich durch all die idiotischen Absagen nicht stören. Sagen Sie sich bei jeder Absage „Wenn du wüsstest – was du eben abgeschossen hast!" Das ist eine kleine Aussage, die Ihnen hilft. Wenn Sie anfangen zu grübeln, haben Sie verloren.

Nach jeder Absage, negativem Telefonat oder Treffen

Das gehört dazu, es wird zu einem Teil in Ihrem Leben. Sagen Sie sich jedes Mal „Jetzt erst recht." Das wirkt äußerst motivierend, ist enorm wichtig, dass man motiviert wird. Jede Absage ist ein weiterer Schritt Richtung Sieg. Bauen Sie sich diese Siegermentalität auf, nicht irgendwann, sondern sofort.

Sie sind ein Gewinner

Das sollte Ihnen klar sein, auch wenn alle anderen um Sie herum meinen, dass das Gegenteil der Fall ist. Es ist aber nicht die Frage, was die anderen über Sie denken, sondern wie Sie sich sehen.

Ihre täglichen Affirmationen

Nachdem andere Ihnen kaum sagen werden, wie super und toll Sie sind, müssen Sie es selbst tun, das ist weiters auch kein Problem. Viele Menschen beten und so können Sie danach gleich Ihre äußerst positiven Affirmationen mit dazu nehmen. Oder nach dem Zähneputzen, tun Sie es und halten Sie es niemals für einen Blödsinn.

Sagen Sie sich jeden Tag folgende Affirmationen

Ich bin

- A nders als die anderen
- B esser als die anderen
- C leverer als die anderen
- D raufgängerischer als die anderen
- E erfolgreicher als die anderen
- F ixer als die anderen
- G gigantischer als die anderen
- H öher orientiert als die anderen
- I ntelligenter als die anderen
- J ovialer als die anderen
- K osmischer als die anderen
- L ustiger als die anderen
- M utiger als die anderen
- N eugieriger als die anderen
- O rganisierter als die anderen
- P owerhafter als die anderen
- Q uerulanter als die anderen
- R edlicher als die anderen
- S iegessicherer als die anderen
- T affer als die anderen
- U ltimativer als die anderen

- V oluminöser als die anderen
- W ehrhafter als die anderen
- X anthiemenhafter als die anderen
- Y ounger als die anderen
- Z ielorientierter als die anderen

Was denken Sie nun

Lassen Sie mich raten, Ihr innerer berühmter Störer (Schweinehund) sagt „Was soll denn der Blödsinn." Jetzt haben Sie wie immer zwei Möglichkeiten, entweder Sie glauben die Geschichte und landen wie schon so oft, im Nichts. Denn der berühmte kleine Kollege, ist in der Tat ein übler Geselle, und versucht jeglichen Fortschritt zu sabotieren. Das ist fatal und führt uns niemals zum Erfolg. Wir bleiben deshalb in der Mittelmäßigkeit, und genau die gilt es zu vermeiden. Oder Sie lassen ihm keine Chance und sagen sich, das ist doch wunderbar, genau das werde ich ab sofort tun, ich gehe meinen Weg.

Immer und immer wieder ist die Devise

Es nützt nichts, wenn Sie die Affirmationen einmal kurz runter leiern und dann nie wieder. Das ist Blödsinn, bleiben Sie absolut konsequent dran. Dadurch haben Sie auch den Erfolg, der folgen wird. Denn Ihr Unterbewusstsein kann nicht anders, aber Sie müssen ihm die Chance geben.

Hier die Erklärung der einzelnen Affirmationen

Diese helfen Ihnen besser voranzukommen. Es ist der Anfang, eines völlig neuen Lebens. Natürlich nicht sofort, nach dem ersten Tag. Wiederholen Sie die Affirmationen mindestens an 200 Tagen. So lange dauert es in der Regel, bis das neue Programm vollends drauf gespielt ist. Denn Sie haben bisher nur die alten Programme auf der Festplatte und die lassen sich wahrlich nicht leicht überschreiben. Darum scheitern auch die meisten Menschen, weil Sie tatsächlich glauben, einmal durchgeführt, wäre alles in Ordnung.

Anders als die anderen
Wenn Sie alles in Ihrem Leben so machen wie die meisten Personen, dürfen Sie nicht erstaunt sein, wenn Sie das Gleiche haben, wie die anderen. Bewegen Sie sich deshalb außerhalb der großen und breiten Masse. Suchen Sie sich die Außergewöhnlichen, die Erfolgreichen als Vorbilder und bewegen Sie sich oberhalb dieses Durchschnitts.

Besser als die anderen
Das ist eine super Ausgangsbasis. Immer besser und besser, dadurch gelangen Sie zu einer hohen Wertschöpfung, die ihresgleichen sucht. Es stellt sich bei allem, was Sie letztlich tun, immer die Frage „Wie kann ich aus einem gut ein sehr gut machen?" Aus einem sehr gut ein herausragend und aus einem herausragend ein outstanding? Wenn Sie nach diesem Schema arbeiten, liegen Sie im berühmten High Level-Bereich.

Cleverer als die anderen
Das gehört dazu, dass Sie sich cleverer auf dem Markt bewegen. Cleverness kommt von neuen Lösungen suchen und diese dann umzusetzen. Ein höchst aktiver Prozess, den Sie unbedingt einleiten müssen. Hierzu gehört selbstverständlich auch, dass Sie sich permanent fort- und weiterbilden, darauf achten, niemals im Stillstand zu verweilen.

Draufgängerischerer als die anderen
Wenn Sie als Minimalist ins Rennen steigen, haben Sie verloren. Höchstleistung ist gefragt, denn nur diese führt zu den gewünschten Erfolgen, alles andere bleibt eine reine Farce.

Erfolgreicher als die anderen
Es muss fest in Ihnen verankert sein, dass Sie sich in diesem Segment bewegen. Erfolg und nochmals Erfolg, mögen da einige Ihrer Mitmenschen behaupten, Erfolg wäre nicht alles. Es ist niemals die

Frage was andere meinen, es geht ausschließlich um Sie, um Ihre persönliche Meinung und dann um Ihr Leben.

Fixer als die anderen
Das heißt, bei einer Idee unverzüglich zur Tat zu schreiten. Da kommt die berühmte 0-Stunden-Regel zum Tragen. Sonst beschleichen Sie Zweifel und Sie landen bei den Ängsten. Diese sind es schlussendlich, die Sie hindern voranzukommen.

Gigantischer als die anderen
Nicht ein klein wenig, sondern wenn, dann richtig. Das ist die wunderbarste Chance, die Sie haben. Alles andere ist „Herumeiern" und führt in die Unbedeutung hinein. Wenn Sie Erfolg haben möchten, müssen Sie es auf diesem Wege umsetzen. So ist es auch im Partnerschafts-Online-Markt. Schreiben und gehen Sie anders vor, als die anderen. Verschaffen Sie sich einen Überblick und hinterlassen Sie einen nachhaltigen, bleibenden Eindruck.

Höher orientiert als die anderen
Die höchsten Berge sind gerade gut genug für Sie. Kleine Berge, da haben Sie überhaupt kein Interesse, diese zu besteigen, sich auf denen zu verweilen. Das setzen Sie sich als klare Messlatte und dies ist Ihr gesamtes Bestreben.

Intelligenter als die anderen
Auch das dürfte klar sein, und wie werde ich intelligenter? In dem ich mich permanent damit befasse, Seminare besuche, mich weiterbilde und mit wachen Augen durchs Leben schreite. Immer bereit Neues zu erlernen.

Jovialer als die anderen
Jovial, das heißt wohlwollend, gönnerhaft, kulant, freundlich, entgegenkommend, freundschaftlich und einiges mehr, sich und anderen gegenüber. Wer jovial durchs Leben geht, ist gerne gesehen,

beliebt und hat dadurch zwangsläufig viel mehr Erfolg. Das ist doch wahrlich ein toller Zustand, meinen Sie nicht auch?

Kosmischer als die anderen
Der Kosmos, die Unendlichkeit und das Große. Das verkörpert ein kosmischer Mensch, ohne dass er deswegen abgehoben wirkt oder nicht mit dazu gehörend. Diese Person geht weit über die eigenen Grenzen hinaus. Getreu dem Prinzip von „The sky is the limit!"

Lustiger als die anderen
Die meisten Menschen gehen dermaßen unlustig durchs Leben, dass es einem Angst und Bange werden kann. Viele griesgrämige Individuen, die da herumschlurfen. In dem Moment, wo Sie lustig und fröhlich durchs Leben gehen, geht es Ihnen besser und die anderen Menschen fühlen sich in Ihrer Gegenwart sehr gut.

Mutiger als die anderen
Wer arm an Mut ist, landet zwangsläufig in der Armut und da möchten Sie bestimmt nicht landen, oder? Das Leben ist zu kostbar, um da jemals hinzukommen. Den Mutigen und Fleißigen gehört die Welt, Zauderer werden das Nachsehen haben.

Neugieriger als die anderen
Holen Sie sich wieder die kindliche Neugier. Wir versuchen als Erwachsene häufig, die berühmte Erwachsenenrolle zu spielen. In jedem steckt ein Kind, und dieses gilt es zu leben. Holen Sie es raus, das Kreative, das Spielerische, das Unermüdliche, mit der dazu gehörigen Portion Neugierde.

Organisierter als die anderen
Ohne Konzept haben Sie keine Chance, es in Ihrem Leben zu etwas Großem zu schaffen. Wenn Sie einen passenden Partner wünschen, müssen Sie sich zwangsläufig organisieren und sich auf die große Suche begeben. Genauso verhält es sich im Businessleben.

Powerhafter als die anderen
Getreu dem Motto „Auf die Dauer hilft nur Power!" Das sollten Sie sich zur Gewohnheit machen, mit Vollgas vorangehen. Dadurch können Sie viel bewegen. Bleiben Sie definitiv auf dem Gaspedal. Anspannung und Entspannung ist Ihr Thema.

Querulanter als die anderen
Sie müssen ein Querdenker sein, denn wer nur in den berühmten Schablonen denkt, hat langfristig keine Chance, viel zu bewegen. Querulant ist für die meisten negativ behaftet. Querulantismus in der Anwendung, ist durchaus positiv zu sehen, dadurch erzielen Sie andere Ergebnisse.

Redlicher als die anderen
Wer sich artikulieren kann, wird den nötigen Erfolg, Respekt und die Durchschlagskraft erreichen, welche man auf dem Weg zu seinem Ziel benötigt. Reden, als die hohe Kunst, das kann ich Ihnen empfehlen, sich gezielt mit Ihrer Ausdrucksweise zu beschäftigen. Hierzu bieten wir den ganzheitlichen Rhetorik-Lehrgang an.

Siegessicherer als die anderen
Wenn Sie in der Gegend rumtaumeln und stets in der Hoffnung leben, dass es werden möge, das ist schlecht. Dies darf niemals Ihre Basis werden. Sie sind ein absolut siegessicherer Mensch und so schreiten Sie durchs Leben.

Taffer als die anderen
Wenn Sie loslegen, hören Sie erst wieder auf, wenn die Ziele erreicht sind, welche Sie sich gesteckt haben. Vorher gibt es nur eines, nach vorne stürmen, ohne nach rechts und links zu schauen. Die Ablenkungen sind definitiv zu groß und Störungen gehören zur permanenten Begleitung dazu. Dadurch gelangt man nicht zum Durchbruch.

Ultimativer als die anderen
Na klar doch, was denn sonst? Einmal ein Ziel ins Auge gefasst, legen Sie ultimativ los und hören erst dann auf, wenn Sie es definitiv erreicht haben, vorher gibt es keinen Halt. Sie wollen einen Partner, folglich ziehen Sie alle Register und machen solange weiter, bis es endlich geklappt hat.

Voluminöser als die anderen
Das gehört unbedingt dazu, nicht ein wenig und bloß nicht auffallen, was könnten die anderen denken. Erstens denken die anderen sowieso was Sie wollen, darum sollten Sie sich nie und nimmer Gedanken machen. Jeder kann denken, was er will und das ist gut so. Oder möchten Sie sich das Denken verbieten oder kontrollieren lassen? Hundertprozentig nicht, also treten Sie mit Power auf. Wer sich den nötigen Platz schafft, hat auch den Erfolg, welchen er braucht.

Wehrhafter als die anderen
Je selbstbewusster Sie auftreten, desto mehr Gegenwind werden Sie verspüren. Anstatt sich wie die meisten sofort ins Schneckenhaus zurückzuziehen, geben Sie Vollgas. Das stachelt Sie förmlich an, jetzt wollen Sie es wissen. Wehren Sie sich, bauen Sie sich ein Bollwerk auf. Sie lassen sich nie wieder von Ihrem Pfad abbringen.

Xanthiemenhafter als die anderen
Die besondere und außergewöhnliche Ausstrahlung, welche die Menschen fesselt und begeistert. Ein wunderbarer Aspekt, der seinesgleichen sucht. Wie von einem anderen Stern, geben Sie sich den Nimbus des Besonderen.

Younger als die anderen
Kommen Sie nicht altbacken daher. Sondern jung, fesch, selbst wenn Sie bereits in die Jahre gekommen sind. Das macht nichts, man kann sich auch altersgerecht pfiffig ankleiden. Sie sind ein be-

sonderer Mensch und das leben Sie hundertprozentig aus, alles andere ist für Sie uninteressant.

Zielorientierter als die anderen
Ohne Ziele keine Chance, genügend Momentum aufzubauen, um diese zu erreichen. Das ist Ihre immens große Aufgabe, voranzuschreiten und Vollgas zu geben. Dazu gibt es die schöne Aussage

„Sie verloren ihr Ziel aus den Augen und verdoppelten ihre Anstrengungen!"

Das kann es wahrhaftig nicht sein, denn dies kostet nur Ihre wertvolle Lebenszeit und die brauchen Sie für Sinnvolleres.

Lesen Sie sich die A bis Z Passagen immer wieder durch
Das hilft Ihnen stetig zu überprüfen, ob Sie auf dem richtigen Weg sind, auf Ihrem Weg. Ob Sie mit Power voranschreiten und bei der Sache sind. Wer anfängt rumzutrödeln, hat bereits im Vorfeld verloren.

Der erste Besuch, das erste Treffen

In den letzten Kapiteln haben Sie etliches über Strategien gehört und wie Sie es schaffen, definitiv dran zu bleiben, die Geschichte zum Erfolg zu führen. Welch ein schöner Moment soweit zu kommen, dass das erste Date ansteht. Die Spannung steigt, Sie haben öfters telefoniert und nun ist es endlich soweit.

Sie machen ein Date aus

Denn schließlich wollen Sie ja vorankommen und nicht ewig rum trödeln. Sie müssen wissen, ob der andere zu Ihnen passt oder nicht. Ihnen gefällt oder ob Sie womöglich erschrecken, weil Sie sich getäuscht haben (und jetzt enttäuscht sind). Alles ist bei diesem Spiel möglich und genau so sollten Sie auch dran gehen.

Wo treffen Sie sich

Das ist die berühmte Frage. „Gehen wir zu dir oder zu mir?" Weder noch, das wäre Blödsinn. Stellen Sie sich vor, Sie wissen doch nicht, wer der andere überhaupt ist. Sie haben nur einige Male hin und her geschrieben und telefoniert. Hier nun verschiedene Treffpunktmöglichkeiten. Wobei noch klar zu unterscheiden ist, leben beide im näheren Umkreis oder sind womöglich Hunderte von Kilometern dazwischen.

- Im Restaurant
- Im Café
- Im Hotel

Im Restaurant

Wenn man es gut meint, kann man sich in einem Lokal zum Essen verabreden, das ist eine Variante. Frage ist, wie viel Zeit man investieren möchte. Stellen Sie sich vor, Sie gehen in ein gutes Lokal, es gibt ein mehrgängiges Menü und der andere ist nicht Ihr Typ. Oh je, wie lange kann da ein Abend werden. Ob das sinnvoll ist? Ich denke, da ist die Café-Nummer angebrachter.

Im Café

Sich auf einen Kaffee zu treffen, geht am schnellsten und ist am unverbindlichsten. Ein Espresso oder Latte macchiato und ciao, wenn es denn sein muss. Geht es gut, kann man ohne Weiteres noch ein Mittag- oder Abendessen draufsetzen. Aber denken Sie daran, nicht zu viel des Guten, besonders am Anfang.

Im Hotel

Tja, bei dem Gedanken Hotel denken manche sofort an das Endspiel, welches dann im Bett zum Tragen kommt. Hotel kommt infrage, wenn der andere von weit herkommt. Je nachdem wie lange die Anreise dauert, hat es sich bewährt, sich in der Mitte zu treffen. Eine andere Variante ist, man lädt den anderen ins Hotel vor Ort ein. Selbstverständlich mit der Betonung, dass ein sehr schönes Einzelzimmer reserviert wird, die Lage von Anfang an klargestellt ist. Dafür übernimmt der andere die Anreisekosten. Das müssen Sie für sich herausfinden, was für Sie optimal ist.

Der optimale Ort

Hierüber ist viel geschrieben worden, dies ist natürlich wie bei allem relativ. Am besten sind in der Regel neutrale Orte, an denen man sich schnell abseilen kann, wenn es nicht passt. Bei den ersten Treffen kann man doch manches erleben. Lassen Sie uns die verschiedenen Möglichkeiten anschauen.

- Oh Schreck, wer ist denn das
- Wow, ein Traum
- Auweia, ganz anders als das Foto
- Furchtbare Klamotten
- Riecht übel

- Komisches Gequake
- Sehr nett und angenehm

Oh Schreck, wer ist denn das

Am Telefon und beim Mailen super nett. Ein tolles Gefühl und in Natur genau das Gegenteil von all dem. Es passt hinten und vorne nicht. Wie gut, wenn Sie sich Ihren Fluchtweg aufgelassen haben. Ein Kaffee trinken ist in solchen Momenten doch relativ schnell abgeschlossen und Sie können gehen.

Wow, ein Traum

Auch das gibt es ab und zu, dass man von dem begeistert ist, was man vorfindet. Wie wundervoll, wenn es erwidert wird. Das ist buchstäblich ein Traum. Doch wie schrecklich, wenn der eine es als ein Traum empfindet und der andere als Horror, das kommt nicht gut. In solchen Momenten ist es super, wenn Sie sich verdünnisieren können.

Auweia, ganz anders als das Foto

Auf den Bildern supertoll zurecht gemacht und in natura, ein Ding der Unmöglichkeit. Es gibt einige, die stellen nicht aktuelle Fotos online. Sei es, dass sie gar nicht zu der Person gehören oder etliche Jahre älter sind, die Figur sich verändert hat. Da gibt es in der Tat die tollsten Dinge.

Furchtbare Klamotten

Sie haben ein bestimmtes Bild vor Augen und Ihr Gegenüber enttäuscht in einer Aufmachung, die Sie scheußlich finden. Wenn Sie sich nicht wohlfühlen, ist es an der Zeit zu gehen. Manche Dinge muss man sich nicht geben.

Riecht übel

Das ist eine leider sogar recht häufige Variante, sehr schwer zu verstehen, aber manche sind völlig geruchsimmun. Zu einem Date gehe ich selbstverständlich gewaschen und mit frisch geputzten Zähnen. Alles andere kommt nicht gut an.

Komisches Gequake

Auch das passiert, dass Ihr Gegenüber zu viel quatscht. Das hinterlässt einen blöden Eindruck. Es gibt jedoch Unverbesserliche, genau wie am Telefon. Wenn es für Sie nicht passt, dann sagen Sie so schnell es geht „Adios!"

Sehr nett und angenehm

Das kann man gut aushalten. Das Erscheinungsbild stimmt, die Person nett und charmant, Sie fühlen sich wohl und es geht Ihnen gut. Das ist von all den Varianten, die angenehmste. Sie würden gerne noch länger zusammenbleiben. Aber übertreiben Sie es bitte nicht beim ersten Mal.

Wie geht es weiter

Sie haben sich getroffen, was passiert in dem Moment? Sympathie oder nicht, das geht schnell vonstatten. Das sind meistens einige Sekunden und dann hat es sich entschieden, ob es passt oder nicht. Manchmal entwickelt es sich noch im Laufe des Zusammenseins.

Was ist zu tun, wenn es nicht passt

Wie ziehen Sie sich buchstäblich aus der Affäre? Das ist eine gute Frage und hat auch etwas mit Ihrem Typ zu tun. Hier gibt es elegante Varianten oder weniger schöne.

- Ich finde dich wunderschön
- Ich finde dich hässlich
- Wir passen nicht zusammen

Ich finde dich wunderschön

Wow, wenn Sie das so empfinden, ist es wunderschön. Jedoch rauszuplatzen, könnte den anderen erschrecken. Das ist nicht die elegante Variante. Da wäre ich vorsichtig und würde mit leichteren Aussagen beginnen wie „Du bist sympathisch, bist hübsch!" Oder ähnlich, nicht dass sich der andere überfahren fühlt. Das wäre schade, wenn Sie mit solch einer Äußerung Ihr Gegenüber, in die Flucht schlagen würden.

Ich finde dich hässlich

Man sollte niemals Menschen derart verletzen. Denn jeder ist auf seine Art, mehr oder weniger hübsch und dann in die Seite rein zu donnern, ist unfair. Oder hätten Sie es gerne, wenn man Ihnen so begegnen würde? Klar, als Dampfplauderer, würde es Ihnen auf Anhieb nichts ausmachen, treffen tut es dennoch. Hier ist es klüger, zu Beginn bei der Begrüßung, sich zu entschuldigen und mitzuteilen, dass Sie gerade vor zwei Minuten einen Anruf erhalten haben, dass noch etwas Wichtiges in der Firma zu erledigen ist. Kinder oder Eltern, dadurch schaffen Sie von der ersten Minute an Klarheit, dass man nur einen Kaffee trinken kann.

Wir passen nicht zusammen

Das zu Beginn zu sagen, ist eine unschöne Variante. Frauen tendieren eher dazu, mit der Wahrheit rauszuplatzen. Männer sind diplomatischer, versuchen sich einen mehr oder minder eleganten Abgang zu verschaffen.

Welcher Weg ist der ideale

Das müssen Sie für sich herausfinden. Seien Sie elegant und tun Sie dem anderen nicht weh. Geben Sie ihm wenigstens die Chance, dass er unverletzt aus der Geschichte herauskommt. Auch wenn Sie der Meinung sind „Wahrheit und Klarheit“ ist das Gebot der Stunde. Denken Sie bei der Sache daran, man begegnet sich oft ein zweites Mal im Leben. Wie gut, wenn man sich einen sauberen Abgang verschafft hat.

Beim Abschied bedanken Sie sich

Wenn es die unschöne Variante ist, das heißt, Ihr Gegenüber gefällt Ihnen überhaupt nicht, bedanken Sie sich dennoch. Fragen Sie den anderen, wie er es empfunden hat, bauen Sie ihm eine Brücke. Vielleicht empfindet er genauso wie Sie. Dann haben Sie es leichter zu sagen „Weißt du was, ich bin dir dankbar für deine Ehrlichkeit. Mir geht es auch so!“ Wenn Ihr Gegenüber meint, es war wundervoll, und ob man sich wiedersehen könnte, sagen Sie diplomatisch „Ich bin mir nicht sicher, lasse mir etwas Zeit. Ich melde mich bei dir.“ So haben Sie den anderen nicht brüskiert. Lassen ein paar Tage verstreichen und teilen per SMS oder Mail mit, dass es leider nicht passt, ohne Angabe von Gründen. Wenn es Ihnen hilft, sagen Sie, dass Sie jemand anderes kennengelernt haben.

Wenn es passt

Das ist die tollste Variante, gehen Sie aber davon aus, dass es etliche Anläufe benötigt, bis es soweit ist. Wenn es schneller geht, herzlichen Glückwunsch und wenn nicht, stecken Sie nicht den Kopf in den Sand. Freuen Sie sich über die nächste Chance, welche sich Ihnen bietet.

- Ab ins Bett
- Nächster Termin vereinbaren

Ab ins Bett

Vielen Menschen kreist der Gedanke im Kopf herum. Ich würde es nicht tun, denn dann ist oft der Reiz verloren. Bei allem, was geschieht, ist es wichtig, dass Spannung aufgebaut wird, der Reiz des Neuen. Wenn dieser am ersten Tag verflogen ist, schade. Außer Sie möchten nur Spaß haben. Ich gehe aber davon aus, dass Sie sich eine feste Partnerschaft wünschen.

Nächster Termin vereinbaren

Es hat Ihnen Freude bereitet, dann vereinbaren Sie einen Telefontermin. Da würde ich mindestens zwei Tage verstreichen lassen. Denn zu viel Nähe, das heißt ein paar Stunden später zu telefonieren, ist ein Tick zu schnell. Zumal Sie noch nicht wissen, wie der andere funktioniert.

Dranbleiben, dranbleiben und nochmals dranbleiben

Das ist die Devise, wenn Sie dranbleiben, werden Sie zum Erfolg gelangen. Fahren Sie in dieser frühen Phase ruhig noch parallel. Sie sind entspannter, unabhängig und Sie wissen nie, was im anderen vorgeht. Nicht dass Sie wieder allein dastehen, weil der andere nicht ehrlich war oder womöglich auch doppelt gefahren ist. Sich die Geschichte so vertieft hat, dass für eine zweite Person kein Platz da ist. Stellen Sie sich vor, Sie haben mehrere Eisen im Feuer und werfen wegen der einen Geschichte alles weg.

Ihre Erkenntnis aus dem Buch

Langsam, aber sicher nähern wir uns der Zielgeraden. Sie haben das Buch bis hierher gelesen. Ein spannendes und nie endendes Thema. Immens wichtig, wenn Sie wirklich eine erfüllende Partnerschaft haben möchten.

Notieren Sie jetzt all Ihre Erkenntnisse

Wenn ich nur lese und die wichtigsten Erkenntnisse nicht aufschreibe, geht mir viel verloren. Das Leben, Ihr Leben ist viel zu wertvoll, um damit leichtfertig umzugehen.

Ihre Erkenntnisse?	Was tun Sie?	Wann?
1.) ________________	________________	________________
2.) ________________	________________	________________
3.) ________________	________________	________________
4.) ________________	________________	________________
5.) ________________	________________	________________
6.) ________________	________________	________________
7.) ________________	________________	________________
8.) ________________	________________	________________
9.) ________________	________________	________________

10.) ________________ ________________ ____________________

Zum letzten Mal in diesem Buch, wie fühlt es sich für Sie an? Wie gehen Sie damit um? Was bedeutet es für Sie? Wie schnell werden Sie voranschreiten? Fragen über Fragen, die sich daraus ergeben und jede Einzelne ist für sich wichtig. Jetzt reduzieren Sie das Ganze auf Ihre drei wichtigsten Erkenntnisse.

Ihre Erkenntnisse? **Was tun Sie?** **Wann?**

1.) ________________ ________________ ____________________

2.) ________________ ________________ ____________________

3.) ________________ ________________ ____________________

Sie kommen Ihrer wichtigsten Erkenntnis immer näher und diese wollen wir nun festhalten.

Ihre Erkenntnis? **Was tun Sie?** **Wann?**

1.) ________________ ________________ ____________________

Wie geht es Ihnen, wo Sie das Finale eingeläutet haben? Fühlt es sich für Sie gut an? Nehmen Sie genau Ihr Fazit mit auf die Reise, in eine wunderbare Partnerschaft. Sie hilft Ihnen in Ihrem Leben weiter zu kommen.

Ihr Fazit: ____

Abschlusswort

Liebe Leser,

ein weiteres Werk von mir neigt sich dem Ende zu. Bei Ihnen bedanke ich mich herzlich für das Mitmachen und die Begleitung. Schön, dass Sie so viel Durchhaltevermögen an den Tag legen und nicht aufgegeben haben.

Lesen ist eine Sache, es täglich umzusetzen eine andere. Jetzt fängt es erst richtig an. Es geht um Ihre Standkraft, dass daraus ein Meisterwerk entstehen möge. Denn es ist Ihr einziges Leben, mit allen Facetten, die es gibt. Sie können etwas Großes machen und eine wunderbare Partnerschaft Ihr Eigen nennen, oder in der Bedeutungslosigkeit verschwinden, was natürlich schade wäre.

Bleiben Sie dran, geben Sie niemals auf. Wer aufgibt, hat verloren. Machen Sie nicht das, was die meisten machen. Kommen aus dem normalen Leben, dort funktionierte es mit der Partnerschaft nicht. Gehen online und hoffen, dass alles ganz anders wird. Dann haut das auch nicht hin und sie geben auf. Das ist Frust pur, ziehen Sie Ihren eingeschlagenen Weg auf alle Fälle, bis zum Ende durch.

Ich wünsche Ihnen von Herzen alles alles Liebe und Gute auf Ihrem Lebensweg.

Herzlichst

Ihr Ernst Crameri

Meine und unsere Dienstleistungen

Da ich der Meinung bin, dass das Leben spannend und aufregend ist, habe ich mich nie mit einer einzigen Sache begnügt. Ich wollte immer wesentlich mehr tun und haben. Ein Mensch hat unendliche Fähigkeiten, darum gilt die Theorie von „Schuster bleib bei Deinen Leisten" schon lange nicht mehr. Vergessen Sie das, und man den erlernten Beruf beibehalten sollte, ist auch ein Ammenmärchen. Das Leben ist vielseitig und spannend, wenn wir etwas daraus machen. Deshalb freue ich mich sehr, Ihnen die verschiedensten Dienstleistungen vorzustellen. Gemeinsam mit meinem Team ist es unser Anliegen, Sie in Ihrer Weiterentwicklung zu unterstützen, Sie zu verwöhnen und dazu beizutragen, dass Sie ein wundervolles Leben auf Erden führen können.

Hier die Dienstleistungen nach alphabetischer Reihenfolge
Wählen Sie aus dem großen Leistungsspektrum und fragen Sie nach den Konditionen. Gerne sind wir für Sie da und beantworten Ihnen alle Fragen, denn glückliche und begeisterte Kunden sind unser Ziel.

- Bücher
- Einzelbehandlungen (Fitness/Wellness/Schönheit)
- Erfolgsproduzent und –coachings
- Events
- Hoteltesting
- Hörbücher
- Mystery X Tests
- Naturkosmetik-Produkte
- Privat-Jet
- Reisen

- Seminare
- Vorträge

Bücher schreiben

Sie erhalten von uns Bücher, zu den verschiedensten Themen, rund um das Leben. Ebenso bieten wir Ihnen das Ghostwriting an. Das heißt, wir schreiben mit Ihnen und für Sie Ihr Buch. Ganz wichtig für Unternehmer, denn ein eigenes Buch schafft eine wunderbare Reputation. Wenn Sie ein neues Produkt auf den Markt bringen, ist es ideal, wenn Sie das passende Buch dazu anbieten. Als Fachmann zeigen Sie durch ein eigenes Buch eine hohe soziale Kompetenz.

Unsere Kunden, die sich von der Masse der Mitbewerber abheben wollen und damit einen anderen Nimbus erhalten. **Ärzte,** die ihre spezielle Behandlung publizieren. **Hotels,** die über ihr Haus mit besonderen Eigenheiten berichten. **IT-Firmen,** die etwas Neues entwickelt haben, weitere Firmen, quer durch alle Branchen und natürlich Privatpersonen.

Wieso Ernst Crameri: Weil er zurzeit bereits 67 Bücher geschrieben hat und weitere folgen. Weil er weiß, wie es in der Branche abgeht, welche besonderen Kenntnisse erforderlich sind, ein Buch zu schreiben und zum Erfolg zu bringen.

Einzelbehandlungen (Fitness/Wellness/Schönheit)

Wir leben nur ein Mal und unseren Körper nennt man auch den Tempel, in dem die Seele und der Geist wohnt. Damit der Organismus lange auf einem hohen Level funktioniert, ist es dringlich, dass wir ihn pflegen, für ihn da sind. Bei uns erhalten Sie Behandlungen von Kopf bis Fuß. Von intensiver Massage, über fernöstliche Behandlungen und den verschiedensten Spezialanwendungen. Näheres auf der Webseite www.wellness-einzelbehandlungen.de.

Unsere Kunden sind Menschen, die mehr für sich tun wollen. Den Zeitgeist klar erkannt haben, wie wichtig es ist, dass man sich behandeln und pflegen lässt. Vom jungen Menschen, bis hin ins höchste Alter hinein. Männer wie Frauen, die sich verwöhnen lassen.

Wieso Ernst Crameri: Weil er aufgrund der 40-jährigen Erfahrung einen riesigen Fundus an Wissen und Können mitbringt. Durch die Hotelberatungen und -tests weiß er auch, wie es läuft. Ein qualifiziertes Team an Behandlern wartet auf Sie.

Erfolgsproduzent – und coachings

Als Erfolgreicher ist eines wichtig, das Erfolgswissen weiter zu vermitteln und anderen Menschen zu helfen, zum Erfolg zu gelangen. Das ist in jeder Hinsicht eine wundervolle Aufgabe. Es gibt verschiedene Arten von Coachings, einmal vor Ort in den Firmen, dann am Telefon. Es geht mit täglichen und wöchentlichen Coachings los. Wenn eine Veränderung stattfinden soll, ist es dringlich, dass man dranbleibt. Denn die alten Gewohnheiten lassen sich nicht über Nacht über Bord werfen. Es ist stets ein längerer Prozess, ein Reifeprozess, der da stattfindet.

Wer sind die Kunden, von kleinen Kindern bis hin ins höchste Alter. Es sind Menschen, welche die stärkende und beschleunigende Funktion des Coachings für ihre Entwicklung nutzen möchten oder Menschen, die grundlegendes in ihrem Leben verändern möchten. Für die es so, wie bisher nicht mehr weiter gehen kann. Wichtig dabei ist der klare, eiserne Wille zur Veränderung. Von Einzelpersonen aus allen Schichten und Berufszweigen, bis hin zu großen Firmen.

Wieso Ernst Crameri: Weil er weiß, wie man aus Menschen Spitzenleistungen rausholt, diese mit einem Lachen und dennoch der nötigen Ernsthaftigkeit zum Erfolg führt. Erfolg ist kein Zufall, sondern planbar.

Events

Wir organisieren große Events, für die verschiedensten Veranstalter. Dabei übernehmen wir die komplette Dienstleistung der Lokationssuche, bis hin zum Catering und kompletten Handling, damit die Veranstaltung reibungslos abläuft. Unsere Erfahrung beruht auf der Organisation von vielen eigenen, wie auch Kunden-Events in der gesamten Welt. Viele Firmen vertrauen uns und lassen für ihre besten Mitarbeiter Incentives ausrichten.

Wer sind unsere Kunden, Firmen und Seminarveranstalter, die das Handling einem Profi überlassen. Genauso wie Einzelpersonen, die ein außergewöhnliches Fest, wie zum Beispiel Hochzeit, Geburtstag oder sonstige Festivitäten ausrichten.

Wieso Ernst Crameri: Events zu organisieren erfordert einen riesigen logistischen Aufwand, es sind viele Parameter, die zusammen spielen, damit es reibungslos über die Bühne geht. Ein qualifiziertes Team steht Ihnen mit Ernst Crameri während der Veranstaltung vor Ort zur Verfügung und managt den gesamten Ablauf.

Hotel- und Schiffstesting

Es gibt viele Hotels und auch Schiffe, die leider manchmal noch nicht ihre Performance erreicht haben. Sehr oft stimmt die Hardware komplett, jedoch die Software passt nicht. Beim Team, angefangen von der Direktion bis hin in die einzelnen Abteilungen, da klemmt es oft.

Wer sind unsere Kunden, von kleinen Hotels und Schiffen, bis hin zu großen Hotelketten und Reedereien. Alle Dienstleister, die bereit sind, eine höhere Wertschätzung den Kunden, den Gästen gegenüber aufzubringen und das Gastdasein auch entsprechend zelebrieren.

Wieso Ernst Crameri: Weil er 80% seiner Zeit on the way ist und dies fast immer in Hotels. Das hat ihn dazu bewogen, das Buch „Servicewüste Hotels“ vollgepackt mit Tipps und Know-how.

Hörbücher

Hörbücher als wunderbares Instrument, für die Fort- und Weiterbildung. Ideal beim Autofahren, als sogenannte rollende Universität, um neues Wissen zu erlangen. Ebenso beim Sport und auch im Alltag einsetzbar.

Wer sind die Kunden, von der Einzelperson bis hin zu Firmen, die für ihre Mitarbeiter die Hörbücher bestellen und verschenken. Oder sogar als Pflichtprogramm für das eigene Team einsetzen. Nur wer permanent trainiert, hat Erfolg.

Wieso Ernst Crameri: Weil er mit seiner Sprache voller Begeisterung, die Leute motivieren kann. Die Sprache und Ausdrucksweise muss fesselnd sein und die Zuhörer begeistern. Es muss im Gegenüber etwas ausgelöst werden. Ein sich Wiederfinden, um in die Umsetzung zu gelangen. Umso hilfreicher, wenn es in einer Sprache geschieht, die den Menschen eigen ist, keine hochakademischen Worthülsen, sondern Kommunikation auf Augenhöhe.

Mystery X Tests

Als Kunde in Geschäfte gehen und einkaufen, den Service, die komplette Dienstleistung zu überprüfen, um nachher die positiven wie negativen Seiten mit der Geschäftsleitung und dem Team zu analysieren. Danach in die Veränderung zu gehen, durch Training vor Ort.

Wer sind die Kunden, jeder der ein Geschäft hat und auf Servicequalität und Kundenzufriedenheit großen Wert legt. Denn die heutige Konkurrenzsituation ist riesig, wenn ein Kunde nicht zufrieden ist, geht er gleich. Dies gilt es zu vermeiden, und für die Kunden stets die allerbeste Leistung zu bieten.
Wieso Ernst Crameri: Weil er die Zusammenhänge schnell erkennt und die Firmen wieder in den positiven Mehrwertbereich für die Kunden führt. Jede Firma hat sogenannte Leichen im Keller, aber

auch Goldadern. Erstere gilt es zu eliminieren und die Goldadern zu bergen, um Erfolg auf der ganzen Linie zu haben.

Naturkosmetik-Produkte

Herstellung und Vertrieb der eigenen Crameri-Naturkosmetik-Produktelinie, seit fast 30 Jahren. Kein riesiges Sortiment, sondern ein straffes und hochkarätiges, für jeden Hauttyp. Spannend auch als White-Labeling, die Produkte erhalten das Etikett des Kunden und sind somit seine eigene Produktlinie.

Wer sind die Kunden, der Endverbraucher, welcher jeden Monat die Produkte für den persönlichen Bedarf bezieht. Schönheitsfarmen, Kosmetikstudios, Friseure, Masseure, Physiotherapeuten, Farb- und Stilberaterinnen, Fußpfleger, Fachgeschäfte und Hotels beziehen die Produkte. Bei White-Labeling handelt es sich um Kunden.

Wieso Ernst Crameri: Weil die Crameri-Naturkosmetik GmbH seit 40 Jahren erfolgreich auf dem Markt ist, und Sie in ihr einen zuverlässigen Partner an Ihrer Seite haben. Von der Produktion bis hin zur Vermarktung.

Privat-Jet

Ein absoluter Traum, in den Privat-Jet einzusteigen und dies ohne lange Kontrollen und Warten. Die Maschine steht bereit, die Triebwerke angemacht, Sie fahren an und wenige Minuten später befindet sich der Jet bereits in der Luft. Schneller und bequemer geht es nicht.

Wer sind die Kunden, Einzelpersonen, die schnell von A nach B müssen. Skiflüge nach St Moritz, zum Autorennen nach Monte Carlo, nach Sylt und weitere spannende Flüge. Firmen, die ihre besten Kunden oder Mitarbeiter zu einem Incentive einladen. Auch Privatpersonen, die das Besondere lieben.

Wieso Ernst Crameri: Weil die Firma seit über 29 Jahren in diesem Metier vertreten ist. Ernst Crameri ist in der Regel stets persönlich dabei und betreut die Gäste vor Ort.

Reisen

In die gesamte Welt, am meisten Kreuzfahrten auf Flussschiffen und auf den Weltmeeren. Mit wunderbaren Rahmenprogrammen, wie besonderen Ausflügen, Vorträgen und Seminaren. Ebenso exklusive 5* Hotels, auf der ganzen Welt.

Wer sind die Kunden, Einzelpersonen, die gerne auf den Events dabei sind und Firmen, die Incentivereisen für ihr Team und ihre Kunden durchführen. Die besondere Belohnung für außergewöhnliche Menschen.

Wieso Ernst Crameri: Weil er die schönsten und besten Schiffe persönlich kennt. Bei den Reisen meistens selbst dabei ist, sodass der direkte Kontakt gegeben ist. Und wenn er nicht dabei ist, gibt es perfekte Betreuung durch sein qualifiziertes Team.

Seminare

Zum Thema Erfolg und alles, was damit zusammenhängt, ganzheitliche Rhetorik, Erfolgsdenken, Geldseminare, Ausbildungen zum Beauty&Wellness-Spezialisten, Social Media und vieles mehr.

Wer sind die Kunden, Einzelpersonen, die sich fort- und weiterbilden möchten. Firmen, die ihr Team zum Training und zur Ausbildung schicken.

Wieso Ernst Crameri: Durch Tausende von Schulungen und Seminaren, Top im Training und stets auf dem Laufenden. Ferner Mitglied bei der GSA, German Speakers Assoziation. Mit großer Leidenschaft und Begeisterung auf vielen Veranstaltungen dabei. Seminare von der Wiege bis zur Bahre, ist eine seiner Maximen.

Vorträge

Spannende und fesselnde Vorträge vor kleinem und großem Publikum. Vorträge zu den verschiedensten Themen rund um das Thema Erfolg, Durchhaltevermögen, Zielsetzung, Lebenswerke und zum kompletten Persönlichkeitsthema.

Wer sind die Kunden, Organisationen, die ihn engagieren, Verbände, Vereine und Firmen. All jene, die Idee, Gedanken, Innovationen zulassen und die Veränderung im heutigen Zeitalter bewirken möchten. Die den Weg schaffen wollen, in eine Welt des Erfolges. Ebenso offene Seminare, die von Ernst Crameri direkt durchgeführt werden.

Wieso Ernst Crameri: Durch die brillante Sprache und Ausdrucksweise, ein fesselnder Redner, welcher das Publikum begeistert. Sein Schweizer Akzent und Humor begeistert die Zuhörer im In- und Ausland. Vorträge in Rätoromanisch, Italienisch, Französisch, Hochdeutsch und Schweizer Deutsch. Gewinner des internationalen Speaker Slam Awards.

Bei Fragen wenden Sie sich bitte direkt an

Crameri-Naturkosmetik GmbH
Mannheimerstr. 11b
67098 Bad Dürkheim
Tel. 0049-6322-5734
Fax 0049-6322-66071
E-Mail: Sekretariat info@crameri.de
Geschäftsleitung: gn@crameri.de
Website: www.crameri.de

Ein Auszug aus unseren Werken

Ein Millionär als Traumpartner

ISBN: 978-3-86689-000-8
19,80 € (D)

Fange endlich an zu leben

ISBN: 978-3-86689-001-5
19,80 € (D)

Wahrheit und Klarheit im Kosmetik- und Wellness-Institut

ISBN: 978-3-86689-002-2
19,80 € (D)

Horror - Eingewachsene Zehennägel

ISBN: 978-3-86689-003-9
19,80 € (D)

Gib niemals auf, sei kein Verlierer

ISBN: 978-3-86689-008-4
19,80 € (D)

Bist Du ein Mörder?

ISBN: 978-3-86689-004-6
19,80 € (D)

Bist Du ein Huhn oder ein Adler

ISBN: 978-3-86689-018-3
19,80 € (D)

Der unendliche Schmerz der Verlassenen

ISBN: 978-3-86689-009-1
19,80 € (D)

Servicewüste Hotels

ISBN: 978-3-86689-010-7
29,80 € (D)

Hast Du auch diese schlimme Krankheit – Verschieberitis

ISBN: 978-3-86689-005-3
24,80 € (D)

Wieso hast Du so wenig Durchhaltevermögen

ISBN: 978-3-86689-006-0
19,80 € (D)

Höre endlich auf zu jammern

ISBN: 978-3-86689-022-0
19,80 € (D)

Sage endlich was Du willst, damit Du das bekommst, was Du willst

ISBN: 978-3-86689-014-5
19,80 € (D)

Sprich nie mehr negativ

ISBN: 978-3-86689-013-8
19,80 € (D)

Die 20 Erfolgsverhinderer

ISBN: 978-3-86689-021-3
24,80 € (D)

Alles hat seinen Preis

ISBN: 978-3-86689-0206
19,80 € (D)

Lifelong learning
und Du wirst unschlagbar

ISBN: 978-3-86689-015-2
19,80 € (D)

Beschwerdemanagement
die Chance Fans zu gewinnen

ISBN: 978-3-86689-025-1
19,80 € (D)

Mit dem Erfolgsbuch
zum Erfolg

ISBN: 978-3-86689-017-6
19,80 € (D)

Hast Du Deine große
Lebensvision

ISBN 978-3-86689-019-
19,80 € (D)

Ungeduld ist der Tod jedes Erfolges

ISBN: 978-3-86689-026-8
19,80 € (D)

Jeder hat aus seiner Sicht recht

ISBN: 978-3-86689-028-2
19,80 € (D)

Ich lebe meinen Lebensstil

ISBN: 978-3-86689-027-5
19,80 € (D)

Vita von Ernst Crameri

Ernst Crameri erblickte im Oktober 1959 in St. Moritz (Schweiz) das Licht der Welt. Er wuchs in einem einfachen Elternhaus auf. Als kleines Kind machte er meist das Gegenteil von dem, was von ihm erwartet wurde. Im Kindergarten und der Schule ging es oft rund. Als Heranwachsender machte er jeden Streich mit, und durfte dafür an freien Nachmittagen im Sommer Rasen mähen und im Winter zum Schneeschaufeln auf dem Schulhof antreten.

Sein Traum war, ein Leben im Reichtum. Prägend waren vier Schlüsselerlebnisse. Im Winter wollte er neue Skier und einen Skipass. Sein Vater konnte nicht beides kaufen. Da ging er mittags nach der Schule in ein Kohle/Holzlager. Dort schaufelte er Kohle und stapelte Holz. Dadurch konnte er sich mit 12 Jahren einiges leisten. Dieses Gefühl der Freiheit war für ihn gigantisch. Das zweite Erlebnis war in der Schule, wenn es galt einen 2 bis 3-seitigen Aufsatz zu verfassen. Er fand das super, und so wurden es meist Werke mit über 30 Seiten. Diese Aufsätze wurden vorgelesen und prämiert.

Sein Traum war Koch zu werden und so schickte ihn sein Vater nach Lenzerheide, zu einem Cousin, der einen Hotelbetrieb führte, in die Schnupperlehre. Gleich musste er als Koch einspringen und die Schikanen nahmen täglich zu. Als er das Zimmer mit weiteren Mitarbeitern teilen musste und sein erster Lohn aus dem Zimmer gestohlen wurde, ging es den Berg runter.

Sein Vater war begeistert, dass die Verwandtschaft aus Ernst einen lebensgerechten Menschen formt, ganz nach seinem Geschmack. Die Mutter war den Tränen nahe, als ihr Sohn die Lehre aufgab. Ernst griff zur äußersten Maßnahme und legte sich beim Unterricht mit dem Rektor an. Er flog im hohen Bogen von der Schule und damit war automatisch das Thema Kochausbildung beendet. Dies war das dritte Schlüsselerlebnis.

Danach begann er in St. Moritz in einem Sportgeschäft eine Lehre als Kaufmann. Der zweite Tag, kurz vor Feierabend brachte den Durchbruch. Da kam eine südamerikanische Familie ins Geschäft. (12 Personen) Das Oberhaupt sagte einen einprägsamen Satz „We need only the best" das kannte er bisher nicht. Nach gut einer Stunde war der Einkauf beendet und Ernst durfte an der Kasse eintippen, da stand die Zahl von CHF 128.000,00. Der Chef fragte ihn „Was schaust Du so?" Er zeigte auf die Kasse und da meinte der Inhaber „Daran wirst Du Dich gewöhnen!"

Das war für ihn eine neue Welt. Kurz darauf kam der Skilehrer, der die Familie gebracht hatte, ins Geschäft und bekam CHF 12.800,00 für die Vermittlung. In dem Moment war für Ernst klar, dass er den Weg gehen wird. Nach der Lehre verließ er das Sportgeschäft. Im Winter war es klar, den Weg als Skilehrer zu gehen. Die Überbrückung war das Thema, also was tun im Sommer und so arbeitete er eine Zeit lang als Hilfsarbeiter bei einer Dachdeckerei.

Es war nicht der Traumjob, er brauchte aber Geld und damit wieder Unabhängigkeit. Der Versuch als Tennislehrer oder Golflehrer tätig zu sein, war von kurzer Dauer. Er heuerte bei einer Baufirma an. Wenige Tage später stellte ihm jemand ein Bein, obwohl niemand in seiner Nähe war und er rutschte den Hang herunter. Notarzt, Intensivstation und Therapie. Er ging ins Heilbad zur Therapie. Dort freundete er sich mit einem der Therapeuten an und fand Gefallen an dieser Arbeit.

Er ließ sich zum Masseur und Therapeuten ausbilden. Sein Traum war, auch Kosmetiker zu sein. Das war zur damaligen Zeit ein Ding der Unmöglichkeit. Die Schulen wollten von einem Mann nichts wissen. Ergo sprach er mit einer Kosmetikerin und machte mit ihr ein

Geschäft, sie bekommt regelmäßig Massagen und bildet ihn dafür zum Kosmetiker aus. Ernst war immer sehr schnell lösungsorientiert. Im Winter war er als Skilehrer tätig. Morgens vor Skibeginn, fuhr er mit seiner tragbaren Massageliege von Villa zu Villa, von Hotel zu Hotel. Danach den Tag über Skiunterricht und abends wieder Massagen und Kosmetikbehandlungen.

Danach als Discjockey, bis frühmorgens. Kurz ins Bett und dann ging es wieder von vorne los. Im Sommer besuchte er seine Gäste im In- und Ausland. Abgeholt von Privatjets, auf Jachten, in Villen. Da verliebte er sich in die Tochter eines Industrieellen. Das fand der Vater nicht so gut. Einen Tag später musste er die Villa verlassen, das war ein herber Schlag in seinem vermeintlichen Erfolgsleben.

Dadurch verstand er, dass man nur reich ist, wenn man das Geld auch selbst in den Händen hält. Als Masseur, Kosmetiker, Skilehrer und Discjockey hatte er ein vierfaches Einkommen. Entsprach aber nie dem Einkommen seiner Gäste, die ihn als Skilehrer zum Beispiel zum Mittagessen einluden. Das kostete gleich mal CHF 600,00, und wenn er als Skilehrer essen ging, waren es gerade CHF 8,00! CHF 800,00 waren sein Monatslohn, das hat ihn sehr beschäftigt.

Für den Sommer hatte er für Australien einen Vertrag als Austauschskilehrer in der Tasche. In der letzten Woche lernte er eine Frau aus Deutschland kennen, die später seine Ehefrau wurde. Er hat es nicht übers Herz gebracht, wegzufliegen und stornierte den Vertrag. Er pendelte einige Jahre zwischen Deutschland und der Schweiz hin und her. Da er nicht als Angestellter arbeiten wollte, startete er mit der Selbstständigkeit als Masseur/Kosmetiker. Um überhaupt Fuß zu fassen, lief er von Haustüre zu Haustüre und klingelte. Ab und an ließ ihn jemand herein und so baute er sich einen kleinen Kundenstamm auf. Um sich stärker zu etablieren, engagierte er sich als Dozent an der Volkshochschule, beim Hausfrauenbund, bei Vereinen/Verbänden. Dadurch gelangte es ihm schnell, sich einen soliden Kundenstamm aufzubauen.

Später kam ein Haus der Schönheit hinzu, die ersten Schönheitsfarmen, eine eigene Naturkosmetik-Produktelinie. Permanente Fort- und Weiterbildungen im In- und Ausland. Er hat in der Schweiz die Chance erhalten, als Referent und Ausbilder für Gesundheitsberufe tätig zu sein. Das machte ihm viel Spaß vor Menschen zu stehen und sie zu lehren. Immer mehr Coachings kamen dazu, Trainings, Seminare und so baute er verschiedene Geschäftszweige auf. Sein größter Wunsch ist dank ganz viel Fleiß und Durchhaltevermögen in Erfüllung gegangen, für andere Menschen da zu sein und ihnen den Weg des Erfolges zu zeigen. Mit zurzeit über 67 Büchern, circa 200 Seminartagen und unzähligen Coachings ist er für die Menschen da. Sein großes Credo **„Es gibt ein Leben vor dem Tod!"**

FSC
www.fsc.org
MIX
Papier aus verantwortungsvollen Quellen
Paper from responsible sources
FSC® C105338